Inhalt

Vorwort

Zur „REIHE WELTRELIGIONEN“ innerhalb der LESEHEFTE ETHIK

Die großen Religionen der Welt haben nach wie vor einen bedeutenden Einfluß auf das Denken und Handeln ganzer Kulturkreise. Unabhängig davon, ob wir selbst an eine dieser Religionen glauben oder nicht, haben sie damit auch Auswirkungen auf uns, die wir in diesen Kulturkreisen leben. Von daher ist es unerläßlich, daß wir uns über sie informieren und uns mit ihnen auseinandersetzen. Diesem Zweck soll die REIHE WELTRELIGIONEN innerhalb der LESEHEFTE ETHIK dienen.
Im Hinblick auf den weltanschaulich neutralen Ansatz des Ethikunterrichts soll dabei weder Werbung für eine der Religionen betrieben noch die Kritik an ihr in den Mittelpunkt gestellt werden. Vielmehr soll sachlich informiert und ein Gespräch ermöglicht werden. Zu einer sachlichen Darstellung gehört es, daß man die Religion durch ihre Vertreter selbst zu Wort kommen läßt, die Begründungen und Positionen der Religion zur Kenntnis nimmt und nicht vorschnell von außen urteilt und aburteilt. Um dies zu gewährleisten, stammen zahlreiche der Texte in den Heften von Vertretern der jeweiligen Religionen selbst; zur Anregung der Diskussion sind diesen Texten andere Texte von außenstehenden Kennern der Religion beigegeben, die einen anderen Blickwinkel eröffnen.
Um Vergleiche zwischen den Religionen zu ermöglichen und zu erleichtern, haben alle Hefte der REIHE WELTRELIGIONEN weitgehend einen parallelen Aufbau: Nach einem Einführungskapitel, das einige Schlaglichter auf die betreffende Religion zu werfen versucht, folgt im 2. Kapitel eine ausführliche religionskundliche Darstellung, in der die Verbreitung, das Erscheinungsbild, die Feste und Riten, die Entstehung, die Geschichte und die Grundpositionen der Religion dokumentiert werden. Das 3. Kapitel fragt sodann nach der ethischen Lehre der Religion und ihrem Beitrag zu den drängendsten Fragen der Menschheit: Lebensgestaltung, Zusammenleben, Bewahrung der Schöpfung, Krieg und Frieden. Abgeschlossen werden die Hefte durch ein Kapitel, das besondere Aktivitäten, Ausstrahlungen und Probleme der jeweiligen Religion zur Diskussion stellt.

Zum vorliegenden Heft HINDUISMUS

Der Hinduismus ist eine Religion, die sich weitgehend auf ein Land konzentriert: Indien. Indien ist aber kein Land wie irgendein anderes. Geographisch ist es ein Subkontinent wie Europa. Kulturgeschichtlich repräsentiert es einen überaus differenzierten und alten Kulturkreis, vergleichbar dem Europas oder Chinas. Staatlich zerfällt es heute in die Einzelstaaten Pakistan, Nepal, Bangladesh und vor allem den Staat, den wir Indien nennen und der amtlich Bharat genannt wird. Allein dieser heutige Staat Indien ist so groß wie Deutschland, die drei Benelux-Länder, Frankreich, die Schweiz, Italien, Polen, die Tschechoslowakei, Österreich, Ungarn und Jugoslawien zusammen. Auf seinem Territorium leben mit derzeit ca. 850 Millionen Menschen ebenso viele Menschen wie in Westeuropa, den USA und der UdSSR zusammengenommen. In seinen Grenzen stehen Angehörige einfachster, ja steinzeitlich anmutender Kulturen unvermittelt Vertretern eines neuzeitlich-modernen Lebensstils gegenüber, werden 17 verschiedene Sprachen und über 160 verschiedene Dialekte gesprochen; in ihm leben ca. 600 Millionen Hindus neben nahezu

100 Millionen Muslimen, 20 Millionen Christen, jeweils mehreren Millionen Jainas, Sikhs, Buddhisten, einer halben Million Parsen und weit über 20 Millionen Anhängern von lokalen Stammesreligionen, aber auch neben einer stark wachsenden Zahl von städtisch geprägten Atheisten und Agnostikern.
Auf den ersten Blick ähnlich verwirrend mannigfaltig wie Indien selbst scheint der Hinduismus zu sein, der das mit Abstand verbreitetste religiös-soziale Deutungsmuster für die Belange des Diesseits und Jenseits und für die Fragen nach Leben, Tod und Nachtod in Südasien ist. Seine kaum überschaubare Vielfalt bis hin zu der besonders für Europäer unüberbrückbar erscheinenden inneren Widersprüchlichkeit seiner Grundlehren hat denn auch den Hinduismus, trotz seiner großen religionsgeschichtlichen Bedeutung und weltweiten Ausstrahlungskraft, zu der wohl vernachlässigsten Weltreligion im deutschen Schul- und Bildungssystem werden lassen. Diese Vernachlässigung einer soliden religionskundlichen Vermittlung des Hinduismus in Deutschland hat aber – gerade in der jüngeren Vergangenheit – bedenkliche Folgen gezeitigt. Nicht nur, daß Einzelerscheinungen wie der Yoga, die Einheitsschau der atman-brahman-Mystik, der Weg der Gottesliebe oder die Ayurveda-Medizin, aus dem gesamthinduistischen Zusammenhang herausgerissen, bis in die Kreise der gehobenen Intelligenz hinein bisweilen geradezu grotesken Mißdeutungen und Simplifizierungen ausgesetzt waren und noch sind. Vor allem hatten die zahlreichen indisierenden Jugendsekten leichtes Spiel, die nach alternativen Sinnentwürfen und Lebenspraktiken suchenden Jugendlichen der siebziger und achtziger Jahre in ihrer religionskundlichen Naivität und Ahnungslosigkeit mit Versatzstükken hinduistischer Religion und Philosophie in ihren Bann zu ziehen und für ihre oft dubiosen Zwecke einzuspannen. Um hier Aufklärung zu schaffen, gilt es, den Hinduismus zunächst in seinem inneren Zusammenhang zu betrachten, um so zum Verständnis seines Wesens vorzustoßen. Danach mag dann auch gesichtet werden, was der Hinduismus für eine zukünftige universale Weltkultur beitragen kann.
Das vorliegende Leseheft wird natürlich auch keine in allen Details ausreichende Unterrichtung über den Hinduismus liefern können. Dazu ist schon der Umfang des Heftes – obwohl gegenüber den Parallelheften zu den vier anderen Weltreligionen bereits erheblich erweitert – immer noch viel zu gering. Es möchte aber wenigstens die Umrisse und die wichtigsten Strukturen dieser drittgrößten Religion der Erde deutlich werden lassen und an einigen zentralen Punkten vertiefend vorstellen, sowie durch ausgewählte Beispiele an anderen Punkten die Weite und Vielfalt des hinduistischen Kosmos andeuten. Das Heft ist hierbei einer sachlichen kulturwissenschaftlich-religionskundlichen Darstellung verpflichtet. Die Gliederung des Heftes folgt dem im Vorspann erläuterten Schema der vier Parallelhefte. Die meist aus der altindischen Sanskritsprache entlehnten hinduistischen Fachausdrücke sind gegenüber der in der Indologie und indischen Philologie immer noch recht unterschiedlich gehandhabten Transskriptionsweise, dem didaktischen Anliegen einer Schullektüre entsprechend, weitgehend vereinheitlicht, vereinfacht und meist ohne diakritische Zeichen wiedergegeben. S. K.

Die zahllosen Götter des Hinduismus sind nur die bildhafte Verkörperung des Einen oder Absoluten, das Gott, Weltgeist oder Brahman genannt wird. Dies wird durch die obige Darstellung des Vishvarupa, der „allgestaltigen Gottheit", zum Ausdruck gebracht, die mit ihren vielen Händen, Köpfen und Attributen viele Götter in sich vereint, z. B. den elefantenköpfigen Gott Ganesha oder Narashima, eine löwenköpfige Inkarnation Vishnus. Kern des Vishvarupa ist meist der Hochgott Vishnu; bei dem vorliegendenden Bild handelt sich um eine südindische Variante, in der die große Göttin (Mahadevi) als universelle Gottheit in den Mittelpunkt gestellt worden ist. Deckenmalerei im Tempel von Chidambaram in der südindischen Provinz Tamil Nadu.

I. Eine erste Begegnung mit dem Hinduismus

Hans-Ulrich Rieker: [Der Yogi]

Die Nacht war ungestörter gewesen als gewöhnlich, und so war ich auch schon vor Sonnenaufgang wach, griff mein Bündel, ohne auf den obligatorischen Morgentee zu warten und freute mich auf die stille Wanderung in den erwachenden Morgen hinein.
Noch schlief das Dorf, und im dichten Grün der steilen Hügel hingen noch Reste der nächtlichen Dunkelheit. Fast konnte man von der „Taufrische des Morgens" sprechen, wäre es nicht die Feuchte der Tropenwälder gewesen, die in der Luft hing. Wie schlafende Elephanten hockten die Häuser zwischen den Bäumen.
Kein Mensch war zu sehen. Doch: als ich zum Dorfausgang kam, sah ich auf der Veranda des letzten Hauses, das – ein wenig abseits stehend – mit seinem hinteren Teil schon ins grüne Dickicht hineinragte, einen Mann mit bloßem Oberkörper auf der Erde sitzen.
Ich wäre achtlos vorbeigeschritten, wenn mich die eigenartige Haltung des Mannes nicht angezogen hätte. Er saß mit übereinandergeschlagenen Beinen auf einer Matte, hatte die Hände auf die fortgespreizten Knie gelegt und schien in einem absonderlichen Rhythmus zu atmen, wobei er höchst konzentriert aus halbgeschlossenen Augen vor sich hinstarrte. Um den Hals trug er eine Schnur, an der eine einzelne Rosenkranzperle und ein Gebilde aus Büffelhorn hing: das Abzeichen der Yogis.
Das alles zog mich an, und ich blieb stehen, um ihm zuzuschauen. Denn es war das erste Mal, daß ich so Gelegenheit hatte, einen Yogi bei seinen Übungen zu belauschen. Da ich ihn aber durch meine Neugier nicht stören wollte, entsann ich mich des Brauchs devoter Anteilnahme und setzte mich, gleichfalls mit übereinandergeschlagenen Beinen, ihm in angemessener Entfernung zur Seite nieder. Er nahm keine Notiz von mir und fuhr in seinen Übungen fort, was mich sehr beruhigte und ermutigte, ihm weiter zuzuschauen. Aber ich bekam vorerst nicht viel zu sehen, denn nachdem er in seiner Atemweise noch etwa eine halbe Stunde fortgefahren war, wurde der Atem schwächer und schwächer, um schließlich ganz aufzuhören. Für die Dauer von etwa zehn Minuten geschah nichts, und ich bereitete mich, ein wenig enttäuscht, darauf vor, ihn nun für längere Zeit in meditativer Versenkung zu sehen, als sein Körper plötzlich zu beben begann, von den Hüften aufwärts bis zum Kopf, sein Gesicht sich wie in Seligkeit verklärte und ich mich unvermittelt von einem elektrischen Strom, der unablässig stärker wurde, durchrieselt fühlte. Gleichzeitig hörte ich eine innere Stimme klar und deutlich sagen: „Bitte, mein geliebter Bruder, setze dich weiter fort, du wirst es sonst nicht ertragen."
[...] Er saß nun in tiefer Versenkung und schien – trotz seiner angespannten aufrechten Sitzhaltung – gestorben zu sein, starr und ohne jedes Kennzeichen pulsierenden Lebens.
Ich begann zu grübeln; aber plötzlich brach wieder die innere Stimme in meine Gedanken hinein:
„Du mußt stiller sein, mein geliebter Bruder, deine Gedanken jagen dich umher. Wirf sie fort!"
Diesmal erschrak ich weniger, war aber doch tief betroffen und versuchte sofort,

alles Denken zu vermeiden, indem ich mich in den Anblick des versenkten Yogi vertiefte.
Ich weiß nicht, wie lange ich so wartend gesessen hatte, als plötzlich jemand die Veranda von der Straße her betrat und eine Tasse Tee sowie einige Früchte vor mir niederstellte. Ich wehrte ab, schüttelte den Kopf, indem ich auf mich wies, und zeigte auf den Yogi: „Der Tee kann nicht für mich sein. Sicher für ihn", meinte ich damit; aber der Fremde sagte laut, ohne auf den Yogi Rücksicht zu nehmen: „Nein, Maharaj hat befohlen, Ihnen Tee zu bringen."
„Wann hat er es befohlen?" fragte ich erstaunt zurück.
„Vor einigen Minuten."
Der Fremde verneigte sich höflich und verschwand.
Das schien mir nun seltsamerweise gar nicht mehr so eigenartig, obgleich es mich vorher vielleicht noch höchst verwirrt hätte. Es schien mir in der Ordnung, und so trank ich den Tee, aß die Früchte und wartete weiter. Die Sonne war längst aufgegangen.
Hin und wieder kamen Dorfbewohner vorbei, die im Vorübergehen ehrfurchtsvoll grüßten, mitunter stehen blieben, die aneinander gelegten Hände zur Stirn hoben, und gelegentlich sogar mit den Fingerspitzen die Stufen zur Veranda berührten, und sie dann an Brust und Stirn führten. Der Yogi schien im Dorf eine allgemeine hohe Verehrung zu genießen. Man behandelte ja sogar sein Haus wie einen Tempel.
Es mußte wohl schon gegen Mittag gewesen sein, als den Körper des Yogi wiederum ein Schauer überlief. Das Leben schien in ihn zurückzukehren. Kaum merklich hob sich sein wohlgeformter Brustkasten unter einem langsamen Atemzug und senkte sich darauf genau so langsam: ein einziger Atemzug, der Minuten dauerte. Ein nächster folgte, und noch einer, und mit jedem Atemzug wurde sein Körper belebter, bis der Atem ihm nach einer Weile genau so gleichmäßig und rhythmisch ging wie mir. Ganz genau wie bei mir sogar, so stellte ich nun fest. Denn atmete ich ein, dann tat er es auch, atmete ich aus, dann auch er; atmete ich tief, tat er es gleichfalls, atmete ich schnell, dann geschah es auch bei ihm. Und doch schien sein Bewußtsein sich noch nicht um mich zu kümmern. Seine Augen blieben geschlossen. Ich hatte das Gefühl, gleich müsse wieder die innere Stimme zu mir reden, aber nichts dergleichen geschah. So verging eine weitere Stunde. Plötzlich hob er langsam, ganz langsam die Augenlider, starrte eine Weile versonnen vor sich auf den Boden, atmete einmal tief, als ob er seufzte, hob den Kopf, wendete ihn mir langsam zu und blickte mich lachend an.
Welch ein Lachen! Welch ein Gesicht! Welch strahlende Augen! Verlegen lächelte ich zurück. [...]
Nun begann er mich zu fragen: Wo ich herkomme und wo ich hinwolle, wie es mir in Indien gefalle und wie lange ich zu bleiben gedächte. So unheilige Fragen! Aber immer dies strahlende Lächeln aus den tiefen, freundlichen Augen. Und dann die Frage, wann ich weiterzöge.
„Ich möchte bleiben, um zu lernen. Hier bleiben", erwiderte ich kühn, einer Abweisung fast gewiß. Er aber neigte den Kopf zustimmend zur Seite: „Accha", sagte er. Meine Annahme als sein Schüler war ohne weitere Formalitäten vollzogen.
Jetzt erst besann ich mich in meiner deutschen Gründlichkeit, welch bedeutungsvollen Schritt ich da in echt orientalischer Unbesonnenheit eingeleitet hatte. Der Schüler eines Yogi zu sein heißt, zwölf Jahre lang in seiner unmittelbaren Nähe zu leben, jeden Augenblick des Tages streng im Sinne seiner Anweisungen ablaufen

zu lassen, sich um nichts zu kümmern als um das gesetzte Ziel und so ein Leben strengster Ausschließlichkeit und bedingungslosester Zielsetzung zu führen. Zwölf Jahre lang. War dieser Entschluß nicht allzu voreilig? [...]
Der Yogi winkte mich zu sich heran:
„Wie lange willst du bei mir bleiben?"
„So lange, wie Sie es für richtig halten."
Er lächelte. „Du sollst kein Heimweh bekommen. Wenn du Heimweh bekommst, darfst du gehen."
„Es wäre nicht gut, wenn die Heimat mich stärker zöge als das Ziel des Yoga."
„Das Ziel des Yoga ist eines, die Heimat ist ein anderes. Auch der Yogi darf seine Heimat lieben. Er soll nur nicht an sie verloren gehen."
„Es wäre mir schmerzlich, die Lehrzeit vorzeitig abzubrechen."
Er lachte und winkte ab. „Vorzeitig? Was ist vorzeitig? Warte nur", sagte er langsam, „du brauchst das nicht zu fürchten. Was auch geschieht. Die Zeit wollen wir vergessen."
Ich verneigte mich.
„Von nun an", fuhr er fort, „wollen wir nicht mehr viel miteinander reden. Nur so viel, wie unbedingt notwendig. Wir wollen auch nicht mehr essen als notwendig und auch nicht mehr arbeiten. Viermal täglich wirst du deine Übungen machen, und jeden Tag einmal werde ich dir dabei zuschauen. Was das Schlafen und das Essen betrifft, da brauchst du dich nicht an mich zu halten. Ich esse sehr wenig und schlafe kaum, du aber bist jung und ein Anfänger. Du mußt alle drei Stunden etwas zu dir nehmen und acht Stunden schlafen, denn du brauchst Gesundheit und Kraft und ein freudiges Gemüt. Nur am Tage darfst du nicht schlafen, das macht den Geist stumpf. Den heutigen Tag kannst du nach Belieben verwenden und die Ruhe genießen. Morgen früh, sobald es hell wird, wecke ich dich, dann werden wir beginnen." Er lächelte mir freundlich zu, erhob sich und ging ins Haus.

Aus: Hans-Ulrich Rieker, Bettler unter Toten. Rascher Verlag, Zürich und Stuttgart 1958, S. 202–208 (gekürzt).

Rabindranath Maitra: [Alltag im Heiligtum der Göttin Kali]

1

Das Heiligtum. Uralt! Das Götterbild voll wirkender Kraft, der Tempel gewaltig, vor ihm ein weiter Hof, in dessen Mitte das Haus für Tänze und Lieder zum Preis der Gottheit. Darin sitzen dreiunddreißig Brahmanen auf dreiunddreißig Matten von Kushgras in einer Reihe, die dreiunddreißig Götter darstellend. Das gleichzeitige Rezitieren der Verse der Bhagavadgîtâ, des Devîmahâtmyam und der Formeln der Totenzeremonien erschaffen eine schwerverständliche Welt der Töne.
Acht Uhr vormittags. Die Söhne der Familie des Tempelpriesters haben das Bad hinter sich und stehen zigarettenrauchend an der Straßenecke, die Pilger abzufangen. Den Kranz von Jobablüten um den Hals, das Haar gescheitelt, auf der Stirn das mit roter Mennige gemalte Zeichen, schärfen die Flickschuster ihre Messer. Es ist Sonnabend. Der Preis der Ziegenböcke ist gestiegen.

2

Neun Uhr vormittags. Die ersten Pilger treffen ein. In Droschken dritter Klasse, in Taxen, Rikschas, Broughams, Landauern, in Beförderungsmitteln allerart kommen die Gläubigen an. „Mutter, hören Sie, Gnädige Frau, eine halbe Paisha!" - „Für die Lahmen und Blinden!" - „Hierher, hierher, bitte, nehmen Sie in meinem Laden Platz, kommen Sie!" - „Wünschen Sie Kränze? Ziegenböcke? Wie viele?" - „Nanu, Priester, Sie schnappen mir meine alten Kunden weg!" - „Trommelt, trommelt! Blast die Muschel zur Ârati [Tempelzeremonie]! Schlagt den Gong!" Die Pûjâ [die Verehrung der Göttin] hat begonnen.

Der Knabe des Gärtners Ramu liegt in schweren Fieberphantasien, der Vater ist in den Tempel der Großen Mutter gekommen, ihr seine Pûjâ darzubringen. Er hat gebadet, das hat ihn des Andrangs wegen eine ganze Stunde gekostet, die Pûjâ zu spenden fand er keine Gelegenheit. Könnte er unbehindert die Pûjâ verrichten, würde der Sohn wieder gesund werden: In dieser Hoffnung stand er da.

„Platz da, Platz da!" Ramu sprang beiseite. Bilâsh Haldar kam, er hatte heute den Priesterdienst. Um den Hals den Rosenkranz, am Arm den goldenen Skorpionenschmuck, daran in etwa acht Bündeln Amulette verschiedener Art. Auf der Stirn rote Sandelschminke. Ramu warf sich, vor ihm zur Erde und fragte: „Brahmane, darf ich meine Pûjâ darbringen?" - „Warte!" - „Was willst Du anlegen?" - „Fünf Shiki." - „Warte!"

3

Der Tempel. In ihm das Standbild der Kâlî. Zu beiden Seiten mit flüssigem Talg und zerlassener Butter gefüllte Lampen. Die Große Mutter ist bis zum Hals mit Jobablüten und Billoblüten bedeckt. Über dem Kopf des Götterbilds eine elektrische Lampe, vor ihm in einer mächtigen Messingschale ein Haufen Paisha- und Shikistücke.

Lärm! „Wohin gehen Sie? Legen Sie Ihre Ehrenspende an der Tür nieder!" - „Eine Paisha im Namen des Vaters Nakulnâth!" - „Haben Sie das bißchen Geld für die Priesterschaft des Tempels gegeben?" - „Nehmen Sie Fußnektar, geben Sie das bißchen Geld dafür!" - „Liebe, sprechen Sie mir die Worte nach: ‚sarvamangala mangalang', kostet vier Paisha, seien Sie gesegnet!" - „Machen Sie Schluß, Liebe, stehen Sie auf, mein Pilger wartet, Sie allein schlagen ja die Erde mit dem Kopf schon eine ganze Stunde lang!" Die fremde Alte flehte gerade um Glück für ihren Jungen, ganz verängstigt fuhr sie auf. „Kommen Sie, kommen Sie, machen Sie schnell Schluß! Sprechen Sie mir nach: ‚Kâlî Kâlî mahâkâling', fertig, das genügt! Nehmen Sie Mennige und Belblätter, legen Sie sie dem Knaben auf den Kopf! Und geloben Sie, ein Paar Ziegenböcke zu opfern, dann wird der Junge gesund werden! Und geben Sie mir Nachricht, am Verfalltag der Opferspende werde ich sie abholen!"

Gleichzeitig ertönte die Musik zum Zehnuhropfer; viele Köpfe neigten sich in Ehrfurcht, während ein Dutzend Tiere angstvoll ihren Notschrei ausstießen.

Das Opfer war vorbei, er hatte die Pûjâ nicht verrichten können. Ramus Herz zitterte vor Angst. Als er in seinem Eifer zwei Stufen der Tempeltreppe hinaufstieg, schalt ihn ein Tempelgehilfe: „Donnerwetter! Hinunter, hinunter! Das Opfermahl hat noch nicht stattgefunden. Was für unheilige Sitten!"

Verwirrt war Ramu heruntergestiegen und stand am Rande der Abflußrinne. Durch die strömte gerade das Opferblut.

4

„Musik, Musik! Musik zum Opfermahl!"
Trommeln und Klarinetten!
„Weg da, weg da alles, das Opfermahl kommt!"
Sofort war Ramu vom Rand des Kanals in den Hof gesprungen. Rrrumm! Ein mächtiges grünes Auto!
Da ist doch jemand gekommen! Platz da, Platz gemacht alle! „Hier, Brahmane, halten Sie meinen Rosenkranz!" Bilâsh Haldar kam in den Hof hinunter.
Eine unverschleierte, reichgeschmückte Frauengestalt stieg aus: Die Augen rot vom Aufbleiben bis in die späte Nacht, in einem Gewand aus weißer Seide, in der Hand einen Kranz aus Belblumen.
„Kushum, die Tänzerin, Kushum, die Tänzerin, ist gekommen! Weg mit den Opferschüsseln, Platz da, Brahmane! Kommen Sie, kommen Sie, Gnädige!" Bilâsh Haldar stand am Wagen, hinter ihm die Korbhändler.
„Wollen Sie der Großen Mutter nicht ein paar Ziegenböcke opfern? Wie viele?"
„Wünschen Sie Totenzeremonien oder Rezitation aus dem Devîmahâtmyam?"
„Heute ist der Tag günstig, Mutter, wollen wir einen üblen Stern entfernen?"
„Sie werden doch in der Gangâ baden? Oder haben Sie schon gebadet? Das Stirnzeichen ist ja noch nicht gemacht! Hallo, Brahmane, bringen Sie Sandelsalbe, rote Sandelsalbe und Stempel, jagen Sie alle fort von der Tür! Lassen Sie einen Teppich zum Sitzen ausbreiten!"

5

Vor ihr Bilâsh Haldar, zu beiden Seiten Tempeldiener, hinter ihr trugen vier Brahmanen in vier Schüsseln Spenden zur Pûjâ. Die Schöne stieg in den Tempel hinauf. Zwölf Uhr mittags. Die Ströme des Tierbluts sind getrocknet und schwarz geworden, die Zeit, zu der der Sohn seine Krankenkost bekommt, ist da. Ramu wird unruhig.
Die Tänzerin Kushum dreht ihren Rosenkranz und murmelt den Namen der Gottheit. In Erwartung des Endes der Litanei steht Bilâsh Haldar auf der Veranda. Gierig harren im Hof die Gärtner, die Flickschuster und die Ziegenbockhändler. Über der Tunke des Mahls der Großen Mutter schwärmen die Fliegen ... Was die Tänzerin Kushum sich zu opfern vorgenommen hat, kann niemand wissen, natürlich ist es deshalb unmöglich, das Opfer zu bringen.
Bumm! Der Einuhrkanonenschuß!
Länger konnte Ramu nicht warten. Die paar Pûjâgaben, die er vorher für den zusammengekratzten, schwererworbenen Lohn zweier Tage gekauft hatte, schenkte er einem bettelnden Krüppel, hob aus der Rinne ein blutbeschmiertes Billoblatt, berührte damit seine Stirne, verneigte sich und ging. Auf dem Heimweg, blickte der Gärtner Ramu immer wieder nach dem Tempel und verehrte die Göttin mit aneinandergelegten Händen. Um was er zur Großen Mutter betete, das wußte nur er allein.

Aus: Helmuth von Glasenapp (Hrsg.), Indische Geisteswelt, Bd. 2, Holle Verlag, Baden-Baden 1959, S. 149–152, übersetzt von Reinhard Wagner.

▷ Die beiden Texte von Rieker und Maitra zeigen zwei sehr unterschiedliche Facetten aus dem riesigen Spektrum der hinduistischen Welt. Können Sie diese in Einklang bringen mit Ihren bisherigen Vorstellungen von Hinduismus?

II. Nähere Betrachtung des Hinduismus

1. Hinduismus, was ist das?

Hinduismus (Lexikonartikel)

Der Begriff „Hinduismus“ ist keine Selbstbezeichnung einer Religion, sondern ein von Europäern eingeführter Sammelname für verschiedene Religionen Indiens. „Hinduismus“ stammt vom Namen des Indus-Stromes (Sanksrit: Sindhu; griech.: Indos), von dem auch die Wörter „Indien“ und „Inder“ stammen. „Hindus“ sind also ursprünglich die „Leute vom Indus“. Erst die Europäer machten einen Unterschied zwischen „Hindu“ und „Inder“, indem sie dem ersten Begriff eine religiöse, dem zweiten eine säkulare (weltlich-politische) Bedeutung unterstellten.

Die wichtigsten Religionen, die sich heute hinter der Bezeichnung „Hinduismus“ verbergen, sind der Vis(c)hnuismus (Verehrung des Gottes Vis[c]hnu) und der S(c)hivaismus (Verehrung des Gottes S[c]hiva). Eine dritte Gruppe bildet der S(c)haktismus, die Verehrung einer weiblichen Gottheit.

1. Die Hindureligionen gehen auf verschiedene sehr alte Traditionen zurück. Zwischen dem 7. Jahrtausend und dem 18. Jahrhundert vor Christus gab es im Industal eine hochentwickelte Kultur. Nachdem diese Kultur erloschen war, wanderten die Arier nach Nordwestindien und schließlich bis zum Ganges ein. Die Arier haben die religiöse Tradition der Hindureligionen tief geprägt und auch die heilige Sprache der Hindus, das Sanskrit, mitgebracht. Sanskrit gilt als die Sprache der Götter.

Auch die ältesten heiligen Texte der Hindus, die Veden (der Veda: das Wissen), stammen von den Ariern. Die Hindureligionen sind *Offenbarungs*religionen und führen ihre Stiftung auf eine Gottheit zurück. Sie knüpfen alle an die Veden an. Der älteste der Veden ist der Rigveda, eine Sammlung von Götterhymnen und Gesängen mit über 10 000 Versen, dessen Umfang schon 1000 v. Chr. abgeschlossen war. Silbe für Silbe wurde er bis auf den heutigen Tag mündlich überliefert.

Seit dem Anfang des 1. Jahrtausends vor Christus entwickelten die vedischen Priester eine bemerkenswerte Philosophie. Sie suchten nach der Einheit hinter den vielfältigen Erscheinungen der Welt, nach einer Gottheit hinter der Vielzahl der Götter und nach dem Bewußtsein, das den Menschen mit Gott verbindet. Dabei bildeten sie die Lehre von der Wiedergeburt und die Lehre von der Erlösung durch Wissen aus. Dieses religiös-philosophische Denken wurde im 9. und 8. Jahrhundert vor Christus in den Brahmana-Texten und den Upanishaden („geheime Sitzungen“) festgehalten. („Brahman“: ursprünglich der Zauberspruch, der vom Priester beim *Opfer* gesprochen wird; „Brahmane“ = Priester). Unter dem Einfluß der Arier entstand auch das Kastenwesen, das sich bis heute erhalten hat. Kaste (von lat. castus: rein, keusch) ist eine soziale Gruppe, die sich durch religiöse Reinheitsvorschriften von anderen Gruppen abgrenzt. [...]

Im Unterschied zum *Christentum* und zum *Islam* – Religionen, die glauben, nur sie selbst seien im Besitz der Wahrheit (→ Absolutheitsanspruch), und die deshalb stets auf Widerspruch und Abgrenzung gegenüber anderen Glaubensauffassungen aus sind – sind die Hindureligionen grundsätzlich tolerant. Wer sich einem anderen als dem höchsten Gott der jeweiligen Hindureligion zuwendet, verliert dadurch keineswegs die Gnade. Trotz der Vielfalt der Formen von Gottesverehrung gibt es ein gemeinsames Ziel aller Menschen, die Vereinigung mit Gott, das Heil.

Um dieses höchste Ziel, die Erlösung, geht es in sechs grundlegenden „Anschauungen“ oder Systemen, die die Brahmanen entwickelt haben. Von diesen Systemen sind bei uns vor allem Yoga („Anschirrung“,

Joch) und Vedanta (Ende und Krönung des Veda) bekannt geworden. Ziel des Yoga ist Selbstbeherrschung und Konzentration. Was den Geist hemmen könnte, soll ausgeschaltet werden. Im Vedanta werden die philosophischen Lehren der Upanishaden weiterentwickelt. Die individuelle Seele (Atman) und das Absolute (Brahman) sollen sich vereinigen. Das absolute Sein in den einzelnen Dingen und Erscheinungen ist das Ziel der Erkenntnis. [...]

2. Im indischen Volksglauben spielen zahlreiche himmlische Götter (Deva) und Unterweltgötter (Asura) eine große Rolle. Daneben gibt es drei große Götter – Brahma, Vishnu und Shiva –, die im Zentrum je einer eigenen Religion stehen. Die Brahmareligion ist ausgestorben. In allen drei Hindureligionen werden diese Götter verehrt: Brahma als Weltschöpfer, Vishnu als Welterhalter und Shiva als Weltzerstörer. Gleichzeitig gilt diese Götterdreiheit als die Gestalt einer einzigen höchsten Gottheit.

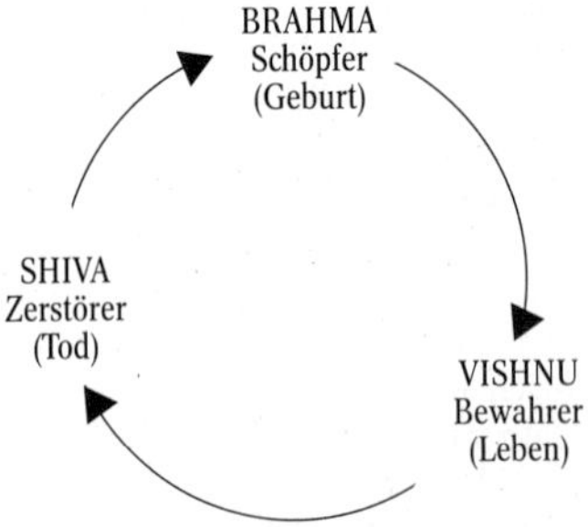

Alles Geschehen in der Welt ist in einen sich stets wiederholenden zeitlichen Ablauf eingeordnet. Die Weltperioden begannen mit der *Schöpfung* des Gottes Brahma, und sie enden mit der Zerstörung durch den Gott Shiva. Die Perioden sind in vier Zeitalter unterteilt. Nach dem ersten Zeitalter der vollkommenen Ordnung, des heiligen Wissens und allgemeiner Zufriedenheit führte die fortschreitende Entfernung von den Anfängen zum allgemeinen Niedergang, zu Streit und Bösartigkeit. In Momenten größter Gefahr griff Vishnu ins Weltgeschehen ein: Er inkarniert sich (Inkarnation: Menschwerdung) und stellt (zum Beispiel in der Gestalt Krishnas) die kosmische Ordnung vorübergehend wieder her. Außer in der Person Krishnas, des vollkommenen Menschen und inkarnierten jenseitigen Gottes, erschien Vishnu auch in der Gestalt Ramas. Rama war das Ideal des indischen Herrschers. Die von ihm geübte Gerechtigkeit wollte die indische Unabhängigkeitsbewegung (vor 1947) wiederherstellen.

Der einzelne Mensch lebt in unendlichen Wiederholungen, bis er zum höchsten Gott aufsteigt. Die gegenwärtige Weltperiode begann vor 3893087 Jahren und endet (bezogen auf 1985) in 426913 Jahren in Feuer, Wind und Wasser. Dann beginnt eine Neuschöpfung.

Gott und Welt sind letztlich eins. Alle Geschöpfe und alle Dinge haben Anteil am Wesen Gottes. Jeder Mensch ist ein Teil des Absoluten. Wenn Atman (das individuelle Selbst) und Brahman (das universelle Bewußtsein) miteinander verschmelzen, dann wird die Trennung des einzelnen vom Ganzen aufgehoben, und das Individuum gelangt zu seinem eigenen Ursprung zurück. Brahman ist die abstrakteste Form der Gottesidee überhaupt (abstrakt = von allem Dinglichen gelöst): ein Sein jenseits der vergänglichen Welt, ohne Gestalt und Eigenschaft, das Unsichtbare und doch Wirkende, das Wesentliche.

Die Erlösung kann auf drei Wegen erreicht werden: durch Handeln (Karma), durch Wissen oder durch Gottesliebe (Bhakti).

Durch *Askese* und Yoga erfolgt die Läuterung, damit Denken und Meditation ungestört verlaufen können. Durch Meditation und Vision kann der Mensch zur Erkenntnis kommen.

Die Bhagavadgita („Lied des Erhabenen", Andachtsbuch und heilige Schrift der Bhagavatreligion) beschreibt den Weg des Handelns nicht als Weltabkehr, sondern als soziales Engagement. Auf dem Erlösungsweg der Gottesliebe (Bhakti) wird der Mensch der Gnade teilhaftig. Gott und Mensch gehen aufeinander zu. Das Ziel ist die Verschmelzung des einzelnen mit dem Absoluten.

Aus: Hartwig Weber, Jugendlexikon Religion. Rowohlt Taschenbuch Verlag, Reinbek 1986, S. 243 ff.

Wer ist ein Hindu?

Sarvepalli Radhakrishnan (1888–1975)[1]:
„Jeder, der nach der Wahrheit strebt durch Studium und Nachdenken, durch Reinheit seines Lebens und Verhaltens und durch Hingabe an hohe Ideale, jeder, der glaubt, daß Religion nicht auf Autorität beruht, sondern auf Erfahrung, ist ein Hindu.“

Mahatma Gandhi (1869–1949)[2]:
„Ich nenne mich einen orthodoxen Hindu (sanātani Hindu), weil ich
1. an die Veden, die Upanishaden und die Purāṇas glaube und an alles, was Hinduistische Schriften genannt wird, und weil ich daher an göttliche Verkörperungen *(avatāra)* und Wiedergeburt glaube;
2. weil ich an die Gesellschaftsordnung der Kasten und Lebensstadien *(varnashrama dharma)* glaube in dem Sinn, der meiner Meinung nach strikt vedisch ist, nicht im gegenwärtig verbreiteten und groben Sinne;
3. weil ich an den Schutz der Kuh glaube – in einem Sinn, der viel umfassender ist als der verbreitete;
4. weil ich nicht an die Bilderverehrung glaube.“

Und unter etwas anderer Akzentsetzung schreibt Gandhi im selben Jahr [1921]: „Meiner Meinung nach ist jeder ein Hindu, der in einer hinduistischen Familie in Indien geboren wurde, der die Veden, die Upanishaden und die Purāṇas als heilige Bücher akzeptiert; der an die fünf Gebote von Wahrheit, Gewaltlosigkeit usw. glaubt; der an ein Selbst und ein Höchstes Selbst glaubt und außerdem glaubt, daß das Selbst (die Seele) nie geboren wird und nie stirbt, sondern durch Inkarnation in einem Körper von Leben zu Leben wandert und Befreiung erlangen kann; der an die Gesellschaftsordnung von Kasten und Lebensstadien *(varnashrama)* glaubt und an den Schutz der Kuh.“

Swami Vivekananda (1862–1902)[3]:
„Der Hindu glaubt, daß er Geist ist... Der Hindu glaubt, daß jede Seele ein Kreis ist, dessen Peripherie nirgends ist, aber dessen Mittelpunkt in einem Körper liegt; und daß Tod bedeutet, daß dieser Mittelpunkt von einem Körper zu einem anderen hinüberwechselt. Die Seele ist durch die Bedingungen der Materie nicht gebunden. In ihrem Wesen ist sie frei, ungebunden, heilig, rein und vollkommen.“

Zitiert nach: Peter Schreiner, Begegnung mit dem Hinduismus. Herder Verlag, Freiburg 1984, S. 28 bzw. 19 f. bzw. 16.

[1] Radhakrishnan war Philosoph, Politiker und von 1962–1967 Staatspräsident von Indien. [2] Zu Gandhi siehe S. 69–71. [3] Vivekananda war Schüler Ramakrishnans (siehe Glossar) und Begründer der Ramakrishnan-Mission; brachte hinduistisches Gedankengut nach Europa und USA.

▷ Welche Definitionen von Hinduismus und Hindu werden auf S. 11–13 gegeben? Welche erscheinen Ihnen besonders plausibel und wichtig?

▷ Zum nachfolgenden Text auf S. 14: Der Begriff Hinduismus steht nicht nur für eine Religion, d.h. nicht nur für eine überirdische Erlösungslehre, sondern auch für ein umfassendes irdisches Ordnungssystem. Nennen Sie Momente, die den Hinduismus als ein solches weltliches Ordnungssystem kennzeichnen.

Der Hinduismus als religiös-soziales System

Der Hinduismus ist das vielgestaltigste religiöse Gebilde, das die Gegenwart kennt. Denn in ihm steht Erhabenes und Abstoßendes, Primitives und Sublimiertes oft so unvermittelt nebeneinander wie nirgends sonst. In einem herrlichen, künstlerisch vollendeten Tempel des Südens wird Shiva mit dem ganzen Prunk eines altehrwürdigen Rituals gefeiert; ein Asket aber steht abseits und murmelt, indem er seinen Rosenkranz aus Rudrâkshabeeren durch die Finger gleiten läßt, die heilige Formel: „Shivo 'ham, Shivo 'ham" („Ich bin Shiva") und gibt dadurch seinem Glauben Ausdruck, daß der Herr der Welt, den die Priester verehren, in Wahrheit der Urgrund ist, in dem jedes Einzelwesen ruht. Unmittelbar neben dem Heiligtum steht ein kleiner Tempel mit dem rohen, grell bemalten Idol einer Göttin, vor das abgehärmte Frauen Puppen hinstellen, um Kindersegen zu erflehen. In Benares, dem indischen Rom, wo Shankara seinen Kommentar zu den Brahmasûtren schrieb und noch heute die weisesten und gelehrtesten Brahmanen zu finden sind, entfaltet sich tagaus, tagein an den großen Badetreppen ein Bild abstoßenden Geschäftsgebarens, wenn Priester, Fakire und Handelsleute der verschiedensten Art darin wetteifern, den frommen Pilgern ihr Geld abzunehmen. Seite an Seite mit kleinen Versammlungen, in denen ein Sâdhu die Weisheit der Upanishaden oder der Gîtâ vorträgt oder die alten Legenden von Krishna oder Râma erzählt, befindet sich ein Brunnen, in welchem eine heilige Kobra durch Opfergaben verehrt wird oder die rohe Steinskulptur des elefantenköpfigen, hängebäuchigen Ganesha. Am Kâlighât bei Kalkutta werden der Kâlî blutige Ziegenopfer dargebracht, unweit derselben Stadt ist das Kloster des Râmakrishna, des letzten großen Hinduheiligen (gest. 1886), der in stiller Meditation sich in das über alle Vielheit erhobene all-eine Brahman versenkte. [...]

Der Hinduismus ist nicht eine Religion, die von einer bestimmten Persönlichkeit gestiftet worden ist, sondern er ist gleichsam von selbst im Verlauf der Jahrhunderte vermöge der ihm innewohnenden schöpferischen Kräfte und unter dem Einfluß der äußeren Umgebung gewachsen; das Band, das ihn zusammenhält, ist nicht Wort und Gedanke eines Stifters, sondern die Kontinuität einer Entwicklung, die in ungebrochenem Strom das Altertum und die Gegenwart verbindet. Die Hindus bezeichnen deshalb ihren Glauben gern als den „sanâtana-dharma", d. h. als die „Ewige Religion". Dementsprechend lehren sie, daß zu allen Zeiten immer wieder weise Männer und göttliche Inkarnationen aufgetreten sind, um die Wahrheit zu verkünden, wie Râma, Krishna, Vyâsa, Manu, Vasishtha, Agastya, Shankara usw., daß keiner von ihnen aber eine neue Lehre begründet, sondern nur die von jeher bekannte Wahrheit neu formuliert oder neu verkündet habe. So gleicht der Hinduismus nicht wie der Buddhismus, das Christentum und der Islâm einem Garten, der von einem Manne planmäßig angelegt und von seinen Nachfolgern weiter ausgebaut und zum Teil verändert wurde, sondern einem Urwald, dessen wildes Wachstum verschiedene Persönlichkeiten zu verschiedenen Zeiten durch Bahnung von Pfaden zu meistern suchten. [...]

Mit seiner Eigenschaft als „gewordener", nicht „gestifteter" Religion hängt es zusammen, daß der Hinduismus keine fest umrissene Dogmatik besitzt, in dem Sinne wie der Buddhismus und die beiden Religionen der geschichtlichen Gottesoffenbarung. Denn für seine Anhänger ist weder der Glaube an einen überweltlichen Gott, der den Kosmos in bestimmter Weise schuf und regiert, der in der Geschichte als Gesetzgeber auftrat und einmalig irdische Gestalt annahm, vorgeschrieben, noch die Leugnung des Daseins eines persönlichen Weltenlenkers wie im Buddhismus. Vielmehr bleibt es dem einzelnen überlassen, ob er Atheist, Pan-en-theist oder Theist ist, ob er Vishnu oder Shiva als den Weltenlenker betrachtet usw. Ebensowenig sind bestimmte Theorien über die Entstehung der

Welt oder ihre materiellen oder immateriellen Komponenten, über das Wesen der Seele und ihr Verhältnis zum Leibe usw. allgemein verbindlich. Auch das Tun unterliegt nicht festen, für alle gleicherweise zwingenden Vorschriften. Es gibt daher Hindus, die Fleisch essen, und solche, die Vegetarier sind, solche, die wollüstige Orgien feiern, und andere, die sich der höchsten Askese hingeben, sowie viele andere mehr. In dieser Hinsicht fehlt also dem Hinduismus die Festlegung auf bestimmte Glaubenssätze, welche als die „conditio sine qua non“ für die Zugehörigkeit zu ihm angesehen werden. Die Hindus betonen dies auch; als ein charakteristisches Merkmal ihrer Religion führen sie die unbeschränkte Mannigfaltigkeit der Verehrungsobjekte und die Vielheit der für die Erreichung des Heils zugelassenen Mittel an.

Aus: Helmuth von Glasenapp, Die fünf Weltreligionen. Diederichs Verlag, Düsseldorf/Köln 1963, S. 16–18.

2. Zum Erscheinungsbild des Hinduismus

Die heutige Verbreitung

Der H. umfaßt die vielfältigen Glaubens- und Lebensformen der heutigen Inder, die durch das Band einer heiligen Sozial- und Kastenordnung zusammengehalten werden. Die Hindus bilden die drittgrößte Weltreligion nach Christentum und Islam. Ihre *Zahl* beträgt heute 647 567 000, d.h. 13,5 % der Weltbevölkerung. Von den Hindus leben 99,4 % in Südasien.
Etwa 85 % aller Hindus leben in der Republik Indien, wo sie mit 78,8 % die Mehrheit der Bevölkerung darstellen und die indische Gesellschaftsstruktur prägen. Aufgrund der Emigration von Hindu-Indern ist der H. heute in 84 Ländern verbreitet, darunter als Religion der Mehrheit noch in Nepal, wo er Staatsreligion ist, und in Sikkim. Starke Hindugruppen gibt es in Asien (Bangladesch, Sri Lanka, Bhutan), in Afrika (Mauritius), in Lateinamerika (Guyana, Trinidad) und in Ozeanien (Fidschiinseln). Auf Bali, östlich von Java, gibt es heute eine bedeutende hindu-balinesische Kultur.
In den USA leben 500 000 und in Großbritannien 380 000 Hindus. In Deutschland ist der H. vor allem in seinen Reform-Bewegungen (Yoga-Schulen, Ananda Marga, Transzendentale Meditation, Divine Light Mission, Hare-Krishna-Bewegung), die z.T. auch als Jugendreligionen bezeichnet werden, bekannt.

Aus: Gerhard J. Bellinger: Großer Religionsführer. Droemer Knaur, München 1986, S. 187 f.

Der hinduistische Tempel – Funktion und Bedeutung

In der hinduistischen Geisteswelt bezeichnet der Tempel den Ort, an dem sich die Götter im Zusammenhang mit täglichem und jahreszeitlichem Ritual manifestieren, an dem sich die Welten der Menschen und Götter ‚berühren'.
Der Grundriß des Tempels, sein Schnitt, die Orientierung und nicht zuletzt auch die Lage beziehen sich auf die Ordnung des Universums, den Kosmos. Der Tempel repräsentiert die Essenz des Kosmos, bildet ihn ab und wird im Ritual ihm gleichgesetzt. Der Tempelturm – als nordindischer Śhikhara oder als südindischer Vimāna – bezeichnet als Abbild des mythischen Weltberges Meru den Mittelpunkt des Universums. Er bildet den Fixpunkt in einer potentiell ungeordneten Welt. Orientiert nach den Hauptrichtungen, repräsentiert er Ordnung in physischem und gedanklichem Sinne. Die Spitze des Turmes wird bekrönt von einem glückverheißenden Wasserkelch (Kalasha), der die ‚Grenze' symbolisiert, an der sich die Welten der Götter und Menschen treffen. Die Spitze symbolisiert das Absolute, das nicht der Wiederholung unterliegt. Sie stellt das Ziel des Bemühens dar.
Als weithin sichtbares Zeichen steht der Tempelturm über der Höhle, dem ‚Schoß-Raum' *(Garbha-Griha),* in dem sich das Bild der Gottheit befindet. Im Gegensatz zu den dem Turmbau vorgelagerten Hallen ist die Cella ein schlichter, unbelichteter Raum. Die Bewegung vom Licht ins Dunkel der Höhle, von der Vielfalt der Erscheinungen zum Einfachen, versinnbildlicht den stufenweisen Weg zur Befreiung.
Der Cella vorgelagert sind *Hallen (Maṇḍapa),* die sich zum Eingang hin immer mehr öffnen. Sie dienen der Sammlung und Vorbereitung auf die Verehrung des Gottes. Mitunter werden hier auch rituelle Tänze aufgeführt.
Das Bild der Gottheit repräsentiert das Mittel zur Kommunikation. Wie das aufgeschichtete oder aus Stein gemeißelte Bauwerk folgt das Bild im Aufbau strengen Proportionsgesetzen, die es einbinden in eine Ordnung, die für alle Erscheinungen als gültig anerkannt wurde. Die Größe des Gesichtes bildet in der Regel den Modul für den Körperaufbau. Mit dem ‚Öffnen der Augen' wird das Bild zu einem potentiellen Erscheinungsort der Gottheit, nicht ihr permanenter Sitz.
Im *Ritual* erst wird die Gottheit präsent. Tägliche Zeremonien – in der Regel bei Sonnenaufgang, Mittag, Sonnenuntergang und Mitternacht – sind deshalb notwendig, um das Wesen der Gottheit ‚herbeizuholen'. Da nur Eingeweihte mittels Formeln *(Mantra),* Silben *(Bīja)* und symbolischen Handbewegungen *(Mudrā)* und unter Benutzung von ‚Werkzeugen' *(Vajra, Yantra)* mit den Göttern kommunizieren können, bedarf es der Brahmanen, den Dienst im Tempel zu versehen. Sie sind die eigentlichen Vermittler, die die Präsenz der Gottheit, von der auch der am Ritual Unbeteiligte profitiert, sicherstellen.
Das Kernstück jeder Aktivität der Brahmanen ist die *Pūjā.* Das Wort bedeutet ganz allgemein ‚Verehrung' und schließt die Übergabe von fünf Opfergaben ein, die die Sinnesorgane symbolisieren. Pūjā wird in diesem Sinne zu einer ‚Abdankung der Sinnes-Natur' (Rawson). Während der Pūjā mögen Pilger oder Angehörige der umgebenden Quartiersgemeinschaft präsent sein. Sie schauen den Gott *(Darshana)* und erhalten vom Brahmanen eine geweihte Gabe des Gottes *(Prasāda).* Das ‚Schauen' bildet einen wesentlichen Teil vor allem des Pilgerns.
Während der Blick auf den Gott über eine enge Öffnung in der Cella nur einzeln möglich ist, vereinigt das rituelle *Bad* an den Badestellen *(Ghāṭ)* oder der Vorgang des Umschreitens *(Pradakshiṇā)* der Cella, des Tempels oder des heiligen Bezirkes *(Kshetra)* die Gläubigen. Beim Tempel findet das Umschreiten in der Regel baulichen Ausdruck durch die Einfügung eines Umgangs um die Cella.
Im Gegensatz zu den Verkündigungsreligionen spielt die Predigt keine Rolle. Der Hinduismus kennt also keine Beträume.

Aus: Niels Gutschow/Jan Pieper, Indien. DuMont, Köln 1978, S. 130 (gekürzt).

Unten der Tempel von Kombakonam. Er hat die für Südindien typische Form einer Tempelstadt mit einem heiligen Teich (Manasarowar) in der Mitte, in den Treppen (Ghats) für die rituellen, sündenvergebenden Waschungen hinabführen. In der Mitte des Teiches auf Säulen stehend ein Tempelchen, das den Weltenberg Meru symbolisiert. Im Hintergrund (ganz links) die Tempelkuppel (Vimana), Tortürme (Gopuram) und Säulenhallen. Das Photo oben links zeigt den Tempel von Khajuraho, der in der Art der nordindischen Tempel aus einem zusammenhängenden großen Gebäude besteht, dessen drei Stockwerke Unterwelt, Welt und Himmel symbolisieren. Unter dem hohen Hauptturm (Shikara) befindet sich das Heiligtum, unter den Vortümen dagegen die Vorhallen und Hallen (Mandapas) für Tänze und Riten. Das Photo rechts oben zeigt einen shivaitischen Yogin im südindischen Tempel von Tanjur.

Götterbild und Gottesdienst im Tempel

Mehr oder weniger ausdrücklich sind sich die Hindus der Tatsache bewußt, daß ein Götterbild von Menschenhand gemacht ist und daher nicht von vornherein ein Gott oder der Gott „ist". Dieses Bewußtsein scheint um so deutlicher zu sein, je konkreter und menschlicher der Gott dargestellt wird. Bei Shiva, der vorwiegend in der Form von Liṅga und Yoni verehrt wird, also in Form eines „Symbols", nicht in menschlicher Gestalt, wird leichter das Bild mit der Gottheit identifiziert. Viele Liṅgas gelten als „von selbst entstanden", d. h., sie wurden nicht hergestellt, sondern gefunden oder entdeckt. Eine Eis- oder Feuersäule sind ebenso Liṅga, d. h. Kennzeichen Shivas und Shiva selber, wie die meist schwarzen, glattpolierten Steine, die man vielerorts sieht.

Wenn ein Götterbild jedoch nicht als von selbst entstanden gilt, dann muß es mit einer eigenen Zeremonie installiert werden. Der Atem, das Leben der Gottheit wird in das Bild heruntergerufen; es werden ihm die Augen geöffnet (indem mit einer Nadel in die Augen des Götterbildes gestochen wird). Ist ein Götterbild fest installiert, dann bleibt die Gottheit anwesend, dann muß aber auch regelmäßig zeremonielle Verehrung dargebracht werden. Es gibt aber auch den Brauch, ein Götterbild nur zu einem bestimmten Anlaß, z. B. einem Fest, zu installieren, oder ein Liṅga aus Lehm zu formen, welches nach Beendigung der Verehrung sofort aufhört, „Gott" zu sein (es wird nach Möglichkeit ins Wasser geworfen). Oft ist das Vernichten eines Götterbildes *(visarjana)* mit nicht weniger Pomp verbunden als seine Aufstellung, z. B. zum Abschluß der neuntägigen Verehrung der Göttin Durgā, die üblicherweise vor jährlich neu geschaffenen Darstellungen der Göttin stattfindet.

Wird ein Götterbild zeremoniell verehrt *(pūjā),* so geschieht das im Tempel zu festgelegten Tageszeiten, in Privathaushalten sind es oft die Frauen, die das häusliche Götterbild verehren und vor ihm z. B. die Mahlzeiten darbringen, die dadurch gesegnet werden.

Folgt der Verehrende allen Vorschriften und Regeln, so muß er zunächst sich selber vorbereiten. Er muß selbstverständlich „rein" sein, d. h., der Gottesdienst erfolgt nach dem täglichen Bad und vor der Mahlzeit. Ein immer wieder geübter Brauch der rituellen Reinigung ist das Schlürfen von Wasser aus der hohlen Hand *(ācamana);* damit beginnt die Verehrungszeremonie. Normalerweise sitzt man dazu in meditativer Haltung auf dem Boden. Es folgen zur Einstimmung und Konzentration Atemübungen, wobei in aufeinander abgestimmten Zeiten abwechselnd durch jeweils ein Nasenloch eingeatmet, durch das andere ausgeatmet und der Atem zwischendurch angehalten wird. Die Vollzüge der rituellen Verehrung werden nicht zuletzt dadurch aus dem Rahmen des weltlich-alltäglichen herausgehoben, daß der Verehrende seine Absicht, diese oder jene Gottheit jetzt zu verehren, feierlich in Worte kleidet *(saṃkalpa).* Durch Bewegung der Hand auf die einzelnen Körperteile hin durch Anrufung und Rezitation entsprechender, vorgeschriebener Mantras werden verschiedene Götter oder Aspekte des Göttlichen auf den Körper des Verehrenden projiziert *(nyāsa).* Der Mensch selber wird vorübergehend zum Tempel, die Gottesverehrung ist auch ein Akt der Vergöttlichung. Als eine Form von Meditation kann hier das Murmeln *(japa)* eines Gebets an die Gottheit oder ihrer Namen folgen.

Nach diesen vorbereitenden Handlungen beginnt der eigentliche Dienst am Götterbild. Es wird gewaschen (mit Wasser übergossen, oder es werden nur die Füße des Bildes benetzt), gesalbt, mit Sandelholzpaste bezeichnet (ähnlich wie der Verehrer an seinem Körper Zeichen aus Sandelholzpaste oder Asche trägt); dann werden Blumen dargebracht und weißes und rotes Puder gestreut, die Gottheit wird beweihräuchert, und es wird eine brennende Lampe dargebracht, bevor schließlich die Opferung der Speisen erfolgt, die von einer Geldspende (im Tempel) begleitet oder gefolgt ist.

In mancher Hinsicht der Höhepunkt der Verehrungszeremonie ist, wenn jetzt eine mehrflammige Öllampe vor und um das

Links ein Götterbild aus dem Tempel von Osian, das eine Verschmelzung von Vishnu (Hari) und Shiva (Hara) zur Gottheit Hari-Hara zeigt. Die eine Seite ist aus Shiva gebildet, erkennbar an dessen Insignien Dreizack, Flechtenkrone und Schädelkette sowie seinem Tragetier, dem Nandi-Bullen; die andere Seite aus Vishnu, erkennbar an dessen Zeichen Rad, Königskrone und Schlange. Hari-Hara ist enstanden bei dem Versuch, Shiva auch in den vishnuitischen Gegenden Nordindiens populär zu machen. Das rechte Bild zeigt die Göttin des Flusses Yamuna (siehe Karte S. 15), die zusammen mit der Göttin des heiligen Flusses Ganges (Ganga) Türhüterin vieler hinduistischer Tempel ist. Sie steht auf dem ihr zugeordneten Tragetier, der Schildkröte.

Götterbild geschwenkt wird (*āratī;* so wird auch manchmal die ganze Verehrungszeremonie, besonders am Abend, genannt). Die Lampe wird anschließend den Anwesenden dargeboten, die ihre Hände über die Flamme halten und mit einer Handbewegung gleichsam das Licht, die göttliche Energie und den davon ausgehenden Schutz auf sich übertragen. Abschließend werden nochmals Blumen über das Götterbild gestreut, und man umwandelt es. Die Rezitation von Verehrungsformeln mit Hilfe des Rosenkranzes folgt – nicht gemeinsam –, sondern jeder rezitiert für sich. Die Riten, die hier anhand ihrer Hauptbestandteile beschrieben wurden, werden im Tempel meist nur vom Priester in ihrer ganzen Ausführlichkeit durchgeführt. Die einzelnen Tempelbesucher statten dem Tempel oft nur einen kurzen Besuch ab. Vor dem Betreten des Tempels werden die Schuhe abgelegt. Die Tempelbesucher schlagen die Glocke am Eingang des Tempels an (um sich anzumelden, aber auch, um böse Einflüsse zu verscheuchen), sie gießen etwas Wasser über dem Liṅga [oder anderen Kultobjekten] aus, streuen Blumen darüber, bezeichnen es vielleicht mit Sandelholzpaste und umwandeln es. Eine Blume, ein Blatt oder und Wasser, welche das Götterbild berüht haben, werden als Gegengabe empfangen. Der Priester bezeichnet die Stirn der Tempelbesucher mit einem Punkt aus rotem Puder, um deutlich zu machen, daß sie unter dem Schutz der Gottheit stehen.

Aus: Peter Schreiner, Begegnung mit dem Hinduismus. Herder Verlag, Freiburg 1984, S.81–86.

▷ Zu S. 16/17: Vergleichen Sie Aufbau und Funktion des hinduistischen Tempels mit christlichen Kirchen und islamischen Moscheen.

▷ Zu S. 18/19: Vergleichen Sie die hinduistischen Gottesdienstformen mit den Ihnen bekannten Gottesdienstformen anderer Religionen.

▷ Kann man daraus auf den jeweiligen Gottesbegriff schließen?

Vishnu-Gottesdienst (Puja) im Hause eines Bauern

Das ganze Haus wurde am Nachmittag mit einer frischen Schicht Kuhdung ausgestrichen. Der Hof ist noch immer feucht, und wir müssen auf Brettchen oder Dekken sitzen. In der Mitte des Hofes der tragbare Holztempel, der immer vor dem Haus der Thakurs[1] steht: vier Bananenblätter, viele Mangoblätter. Davor der Tontopf, geschmückt ebenfalls mit Mangoblättern, mit Zinnober bestrichen, auf dem Deckel wird nachher die Ghi[2]-Flamme in einer kleinen Tonschale entzündet. Außerdem wird der Tempel mit allen im Haus verwendeten Gewürzen und Rohstoffen geschmückt (Reis, Getreide, auch Gras, Pan[3], Baumwolle etc.). Vor dem Tempel ist mit Mehl ein magisches Quadrat geschüttet, in dem der Hausherr Platz nimmt. Ihm werden von den Töchtern die Füße rot gemalt. Zu seiner Rechten der Purohit[4] der Familie, Shrest Narajan, der Bhang[5]-Trinker. Er verrichtet den Gottesdienst, murmelt die Mantras, gibt dem Opfernden die Anweisungen, übersetzt die in Sanskrit gelesene Geschichte ins Hindi.
Zunächst wird der Gott gefüttert, dann bekommt er Pan. Jetzt kann die eigentliche Puja beginnen: Sanskrit wird gelesen und erklärt. Dazwischen immer wieder ein Ton auf der Muschel, wozu alle Anwesenden die Hände aneinanderlegen, den Kopf senken und die Augen schließen.
Die Puja nähert sich dem Ende, immer mehr Leute stellen sich ein, auch Thakurs, wenn auch meist nur die Söhne. Immerhin aber auch der Verwandte Atma Prasads. Das Opferfeuer wird zur Linken des Tempels entzündet; der Hausherr, assistiert von seinem ältesten Sohn, streut zu den Mantras des Priesters die Opfergaben darauf, während der Priester regelmäßig Ghi mit einem Mangoblatt dazuträufelt. Ich schätze, etwa ein halbes Kilo Ghi wurde so verbrannt. Das Prasad[6] wird von den Thakurs verteilt: Das mit Gur[7] gesüßte Mehl, etwas Obst und die Kokosmilch.
Während der ganzen Puja ging das Leben im Haus weiter. Die Frauen zanken, Kinder weinen oder lachen, Leute kommen und gehen. Audesh geht raus, um eine Zigarette zu rauchen, was ich aber seinem Vater nicht erzählen soll.
Während des Opferfeuers singen die Frauen des Hauses ein Lied, in dem angeblich die Namen aller Familienangehörigen zusammengefügt worden sind: ein näselnder, langgezogener Singsang.

Man muß sich immer wieder klarmachen, daß es im Hinduismus eine über die Kastenräte hinausreichende „kirchliche Organisation" in Form der bürokratisch verfaßten und hierarchisch strukturierten Gnadenanstalten des Abendlandes nicht gibt, um richtig zu verstehen, daß Religion in Indien wirklich Privatsache ist. Die Kinder lernen von ihren Eltern, zu welchen Gottheiten sie als Erben einer bestimmten Familien- und Kastentradition bei welchen Gelegenheiten wie zu beten haben. Sie hören den Vater am Morgen nach dem Bad seine Gebete murmeln, und sie sehen, wie die Mutter ein Räucherstäbchen hinter ein buntes Götterbild steckt, das sie vielleicht in Benares gekauft hat. Schon früh nehmen sie an den „Pujas" teil, so daß ihnen das Ritual bald vertraut ist. Derart wachsen sie in den Hinduismus gemäß der je eigenen Tradition ihrer Primärgruppen hinein.

[1] Kaste wohlhabender Bauern in Nordindien [2] Schmelzbutter [3] hier vermutlich Betelnüsse [4] der Hauspriester der Familie [5] berauschendes Getränk [6] geweihte Gabe [7] Zuckerrohrmelasse
Aus: Detlef Kantowsky, Bilder und Briefe aus einem indischen Dorf. Campus Verlag, Frankfurt/Main 1986, S. 143–145.

Religiöse Feier in einem Privathaus: Vor dem aus frischen und „reinen" Bananenblättern errichteten „Altar" und den darum geordneten Opferspeisen (Prasad) der Priester mit seinem Sohn; im Hintergrund Frauen des Hauses in andächtiger Haltung. Religion ist im indischen Dorf gänzlich Sache der Familie, allenfalls der am gleichen Ort wohnenden Angehörigen einer Kaste. Der indische Dorfbewohner geht nicht in den Tempel, so wie der deutsche Bauer am Sonntag mit der Familie zur Kirche geht. Vielmehr ruft er den Purohit (Priester), dessen Familie mit seiner schon seit Generationen verbunden ist, zu sich. Später wird der Sohn des Priesters die Betreuung der Familie und der anderen Familien, die zur Klientel des Vaters gehören, übernehmen. Er wird hierzu nach der fünfklassigen Volksschule in eine besondere von Priestern geleitete Sanskritschule gehen, wo er auf die heilspendenden Aufgaben seiner künftigen Arbeit als Purohit vorbereitet wird.
(Nach Detlef Kantowsky: Bilder und Briefe aus einem indischen Dorf).

Zeugen des Volksglaubens

Unabhängig von den großen Tempeln legen zahllose Dorfheiligtümer und übers ganze Land verstreute Kultstätten unter freiem Himmel Zeugnis der Volksfrömmigkeit ab. Als Kontinuum über Jahrtausende blieben im Volk Animismus, Schamanismus und Fetischismus erhalten; Hoch- und Volksreligion beeinflußten einander sehr stark. Tief verwurzelt ist der Kult der Muttergottheiten und der ganzen „beseelten" Natur. So gelten Bäume, Pflanzen, Steine als Sitz von wohlwollenden oder bösartigen Geistern, die es in verschiedener Form zu beschwören gilt. Jedes Dorf hat einen heiligen Baum oder Strauch; besonders große Verehrung genießt die Tulsi-(Basilikum)pflanze. Auch für hinduistische Hochgötter gelten bestimmte Pflanzen, Bäume und Steine als Substitute, so fünf verschiedenfarbige Steine als Hausidole für Vishnu, Shiva, Durga/Parvati, Ganesha und Surya. Die tiefverwurzelte Magie findet ihren Ausdruck in Beschwörungsriten und *magischen Diagrammen,* die täglich mit Reispulver auf Fußböden vor Häusern, in Tempeln oder an Wänden aufgetragen werden; sie sollen dämonische Mächte fernhalten, Segen und Fruchtbarkeit hereinzaubern. Weit verbreitet sind *Fruchtbarkeitsidole,* ganz simpel als Topf, Loch, eiförmige Steine oder als weibliche und männliche Geschlechtsteile in Linga- und Yoni-Form. Zu solchen Andachtsstätten auf freiem Feld, unter Bäumen oder bei Schreinen gehören meist auch *Schlangensteine* (Nagakals), der elefantenköpfige Gott Ganesha als Fruchtbarkeitsgenius und Shivas Buckelstier und Dreizack. Die Felder werden von riesigen, bunt bemalten Tonfiguren mit furchterregendem Äußeren geschützt. In Südindien werden große tönerne *Votivpferde* für Aiyanar, den Schutzgott der Tamilen, auf die Felder gestellt. Zu diesen *Schützern der Felder* (Kshetrapalas) treten in den Siedlungen Heiligtümer der *Dorfgottheiten* (Gramadevatas). Die Idole können ganz einfach aus Ton, Holz, Metall oder Stoff geformt sein, stellen aber häufig originelle und wertvolle Zeugen der Volkskunst dar.

Das weiße Roß des tamilischen Dorfgottes Aiyanar. Dieser Schutzgott ist in den tamilischen Dörfern Südindiens häufig anzutreffen.

Nach dem Glauben der Hindus vernichtet Feuer die Welt als Voraussetzung für neues Werden. Daher werden Leichen verbrannt, ihre Asche zur Entsühnung und Reinigung in einen Fluß gestreut und keinerlei Denkmäler errichtet. Ausnahmen bilden *Sati- und Helden-Steine.*

Sati-Stelen werden im Gedenken an diejenigen Frauen aufgestellt, die ihrem Gatten durch Selbstverbrennung in den Tod folgten. Auf Sati-Steinen werden Hände als Zeugnis des heldenhaften Opfermutes abgebildet oder figürliche Darstellungen der Ehegatten, denen eine gemeinsame Wiedergeburt im Götterhimmel verheißen wird. Helden-Steine (Virakals) sind Erinnerungsmale für Hindu-Krieger, die im Kampf gegen die Muslims fielen oder bei aussichtsloser Belagerung oder Schlacht Selbstmord verübten. Viele dieser Heroen wurden im Volksglauben vergöttlicht, besonders in Rajasthan und in Vijayanagara.

Aus: A. und P. Keilhauer, Die Bildsprache des Hinduismus. DuMont Verlag, Köln 1983, S. 28–31.

Hinduistische Feste im Jahreskreis

Bei dem Versuch, den Rahmen der hinduistischen Zeitvorstellung und des Kalenders durch eine Darstellung der Feste in ihrer Vielfalt und Buntheit auszufüllen, muß man sich der Ausdehnung Indiens bewußt bleiben: Nur in Landstrichen, für die Reis das Grundnahrungsmittel ist, kann das Umpflanzen oder Ernten von Reis Anlaß für ein Fest sein (Pongal in Tamilnadu); nur in jenen Regionen, wo die Göttin in höherem Ansehen steht als Shiva und Vishnu, konnte sich die Feier der neun Tage langen Verehrung Durgās *(Navarātra)* zu jenem gesellschaftlichen Ereignis entwickeln, das es z. B. in Bengalen ist.

Feiern die einen zum Abschluß jener neun Tage und Nächte den Sieg der Göttin über den Büffeldämon, so feiern andere denselben Tag aus Anlaß des Sieges von Rāma über Rāvana (dashera, *daśahrā)*. Überall zeigt sich eine Überlagerung regionaler Feste durch brahmanische Rituale.

Der Beginn der hellen Jahreshälfte, der durch einen Übergang *(saṃkrānti)* der Sonne in das Sternbild des Steinbocks *(makara)* markiert ist, wird als Makar-Saṃkranti gefeiert. Dem Tag haftet besonderes Verdienst an, wenn man in einem heiligen Gewässer ein rituelles Bad nehmen kann.

Am fünften Tag der hellen Hälfte dieses Monats, Māgha, wird der Beginn des Frühlings gefeiert; besondere Verehrung wird an diesem Tag der Göttin der Gelehrsamkeit und der Musik, Sarasvatī, zuteil.

Der vierzehnte Tag der dunklen Hälfte dieses Monats, also der Tag vor Neumond, ist das wichtigste Fest Shivas im Jahreskreis, Shiva Ratri, die „Nacht Shivas". Shivaiten verbringen diese Nacht wachend und fastend vor einem Liṅga, welches rituell verehrt wird.

Das Ende der kalten Jahreszeit und der Beginn des Frühlings bzw. Sommers fällt etwa zusammen mit dem Holī-Fest. Die Legenden, die man sich über seinen Ursprung und seine Bedeutung erzählt, wechseln je nach Region, Bildungsstand und Sektenzugehörigkeit. Die einen verbinden es mit der Tötung einer Dämonin durch Krishna, die anderen mit der Errettung von Prahlāda, selber Kind eines Dämonen, das jedoch Vishnu in ausschließlicher Hingabe *(bhakti)* zugetan war.

Holī fällt auf den Vollmondtag des Monats Phalguna (Februar–März). Am Vorabend werden Feuer auf Straßen und Plätzen angezündet; es herrscht große Ausgelassenheit, man bewirft sich mit Farben und Wasser und singt anzügliche Lieder. Alle sozialen Schranken gelten als aufgehoben.

Der achte Tag der dunklen Hälfte des Bhadrapada (August–September) ist Krishnas Geburtstag. Überall werden kleine Tonfiguren verkauft, die Krishna und seine Mutter (bzw. seine Ziehmutter) darstellen. Um der Verfolgung durch seinen Onkel zu entgehen, wurde der neugeborene Krishna bei Nacht und Regen (wir befinden uns mitten im Monsun!) gegen ein neugeborenes Mädchen ausgetauscht und einer Hirtenfamilie übergeben, bei der er Kindheit und Jugend verbrachte. Auf die Geschichten, die sich um seine Jugend ranken, beruft sich die Theologie der Bhakti-Frömmigkeit mit Vorliebe.

Auf den vierten Tag der hellen Monatshälfte des Bhadrapāda fällt der Geburtstag Gaṇeshas. Gaṇesha wird als dickbäuchige, sitzende oder tanzende Gestalt mit Elefantenkopf dargestellt. Er ist der Sohn Shivas, der ihm, nachdem er ihm bei einer Auseinandersetzung den Kopf abgeschlagen hatte, den erstbesten Ersatz aufpflanzte und ihm ewige Verehrung versprach. Gaṇesha gilt als der Gott, der Hindernisse beseitigt; er wird daher zu Beginn aller größeren Unternehmungen angerufen – oft findet man die Formel „Verehrung dem Gaṇesha" am Anfang eines Buches, oder als Briefanfang. Seine Verehrung ist vor allem in Mahārāshṭra sehr verbreitet.

Navarātra wird trotz einer gewissen gesamtindischen Bedeutung in besonders festlicher Weise in Bengalen gefeiert. Die neun Nächte vom ersten bis zum zehnten Tag der hellen Monatshälfte des Ashvina (September-Oktober) sind der Verehrung der Durgā gewidmet. Ein jedes Jahr eigens für dieses Fest hergestelltes Bild zeigt die

Göttin mit vielen Armen, die verschiedene Waffen halten, auf dem Löwen, ihrem Reittier sitzend, im Kampf mit dem Büffeldämon (d. h. einem Dämon, der sich in einem Büffel verkörperte). Diese Bilder werden öffentlich aufgestellt und verehrt; gleichzeitig finden kulturelle Veranstaltungen statt. Der zehnte Tag gilt als der Tag des Sieges über den Dämon, *Vijaya-dashamī*, d. h. der „Sieg-Zehnte“. Er wird auch Dashahrā (in volkstümlicher Form und Aussprache Dashera; sprich „Daschéra) genannt (die „zehn Tage“) und u. a. auf die Erschlagung des zehnköpfigen Rāvaṇa durch Rāma bezogen. Vor allem in Mahārāshṭra werden an diesem Tag überdimensionale Figuren (aus Holzgestellen, Papier usw.) von Rāvaṇa erstellt (in die neuerdings Feuerwerkskörper usw. eingebaut werden). Am Abend wird der Kampf Rāmas gegen den Zehnköpfigen szenisch dargestellt, ein brennender Pfeil läßt Rāvaṇa unter Prasseln und Krachen in Flammen aufgehen.

Zwanzig Tage nach diesem Ereignis, also am Neumondtag des Kārttika (Oktober-November), wird Dīvālī (*Dīpāvalī*, d. h. „Lichter-Reihe“) gefeiert. Dies ist ein Fest der Göttin Lakshmī (meist zusammen mit Gaṇesha). Lakshmī ist in der Mythologie die Frau Vishnus; sie ist die Göttin des Glücks, des Reichtums und Wohlstands. In vielen Familien wird ein ererbtes Geldstück, eine Goldmünze oder eine alte Silberrupie hervorgeholt und als Verkörperung der Lakshmī rituell verehrt. Alles wird geputzt und gesäubert, oft neu gestrichen und gekalkt. Am Abend werden die Konturen der Gebäude – Fenstersimse und Dachvorsprünge – durch das Aufstellen von Öllämpchen markiert. Man versucht sein Glück bei Glücksspielen. Für viele Hindus ist dies der Beginn eines neuen Jahres; vor allem Kaufleute begehen den Tag, indem sie neue Bücher für die Buchhaltung ihres Geschäfts oder Betriebs eröffnen, die feierlich geweiht werden.

Nicht alle dieser Feste sind im heutigen Indien sogenannte „bank-holidays“, d. h. Tage, an denen Banken und Regierungsbüros geschlossen haben. Dafür spielen die Feste der anderen Religionsgemeinschaften im öffentlichen Leben eine große Rolle, denn die Regierung ist um Ausgewogenheit bemüht. Die Feste der Moslems, Weihnachten, Buddhas Geburtstag. Mahāvīras Geburtstag (Mahāvīra gilt als der Gründer des Jainismus), der Geburtstag Nānaks (des Gründers des Sikhismus) treten neben die großen hinduistischen Feste.

Aus: Peter Schreiner, Begegnung mit dem Hinduismus. Herder Verlag, Freiburg 1984, S. 92–95.

Shiva-Ratri – Das Fest der großen Weisheit und Güte Shivas

Gestern feierte man „Shiva Ratri“, die Nacht Shivas also, die wie alle indischen Feste auf eine lange religiöse Geschichte zurückgeht: Ein Jäger niederer Kaste jagte in der Gegend von Benares, erlegte auch so viel Wild, daß er es nur schwer nach Hause tragen konnte, oft ausruhen mußte. Es wurde Nacht, schutzsuchend kletterte er auf einen Baum, band die Beute an den Ästen fest. Weil es im Monat Phalgun immer noch recht kalt ist, Tau fällt, fror den Jäger. Er kletterte also – zu seinem Glück, wie sich herausstellen sollte – mehrfach in dem Baum umher, um den Platz zu wechseln und sich warmzuhalten. Auch hatte er den ganzen vorigen Tag, auf der Jagd, nichts gegessen. Unter dem Baum war ein Lingam, das phallische Symbol, unter dem Shiva verehrt wird. Darauf fielen, losgeschüttelt vom frierenden Jäger, einige Blätter und Blüten des Baumes, zusammen mit Tautropfen. Wenn auch vom Jäger nicht als Puja, so heißt hier jede Form von Gottesdienst, gedacht, auch gar nicht beabsichtigt, begrüßte Shiva die Opfer auf seinem Stein doch, nahm sie an, beschützte den Jäger, geleitete ihn anderen Tags sicher nach Hause. Dennoch, erschöpft von den Strapazen, vielleicht war er auch nicht mehr

der jüngste, stirbt der Jäger wenige Tage darauf. Jetzt das übliche: Kampf der bösen und guten Geister um die Seele, die bösen werden von den Mannen Shivas aus dem Feld geschlagen, darauf will sich Yama, ihr Chef, bei Shiva in dessen Palast Kailasa beschweren. Doch schon an der Pforte bedeutet ihm Minister Nandi (jetzt als Bulle verehrt), daß er besser wieder umkehre. Shiva habe in seiner unendlichen Weisheit und Güte beschlossen, auch diesem Sünder, sei er selbst von so niederer Kaste, habe er auch noch so viel Wild getötet, einen Platz in Kailasa zu gewähren. Und Yama war's zufrieden, kehrte um. -
In Erinnerung nun an den Jäger und seine glückliche Rettung verbringen die Anhänger Shivas die ganze Nacht vor Neumond im Monat Phalgun mit Singen und Puja, sie fasten den darauffolgenden Tag, wie es auch der Jäger tun mußte, nur Früchte sind erlaubt. Dann mittags natürlich gründliches Bad, saubere Tücher, und auf geht's zur Mela[1].
Die Zuckerbäcker des Dorfes hatten gut vorgesorgt, die Panhändler hatten die auswärtigen Mitglieder der Großfamilien herbeigerufen, es gab Bananen zu kaufen, indische Pflaumen und eine gerade in dieser Zeit reifende sehr wohlschmekkende Beere, alles Früchte also, die wir hier sonst nie zu sehen bekommen. Zwischen den Ständen drängte man sich; einige Jünglinge, noch immer nicht erschöpft vom Fasten, versuchten sich im Heben eines schweren Steins, an dem noch vor kurzem die Elefanten einer durchreisenden Pilgergruppe festgemacht worden waren. Auch Musik gab's: Manchmal bilden sich Gesangsgruppen in den Dörfern. Einige davon hatten sich in eine Dharmshala zurückgezogen, wetteiferten.

[1] großes religiöses Volksfest

Aus: Detlef Kantowsky, Bilder und Briefe aus einem indischen Dorf. Campus Verlag, Frankfurt/Main 1986, S. 148–150.

Feste im Lebenszyklus: Initiation, Heirat, Tod

Die brahmanischen Theologen und Ritualisten haben in ihren Leitfäden und Handbüchern nicht nur die Lebensstadien festgelegt, sie schreiben auch genau die Anlässe, Zeitpunkte und Verfahren vor, die durch bestimmte Riten das Leben eines jeden in einen religiösen Rahmen einordnen. Solche Riten werden *saṃskāra* genannt, was oft mit „Sakrament" übersetzt wird.
Solche Sakramente begleiten das ganze Leben eines Hindu. Empfängnis, Geburt und Namensgebung, das Durchbohren der Ohrläppchen (was auch bei Jungen geschah), der erste Anblick der Sonne, wenn das Kind zum ersten Mal außer Hauses genommen wurde, die erste Verabreichung fester Speise, all diese Anlässe wurden durch die Rezitation vedischer Verse geweiht, die dem Wunsch nach Söhnen Ausdruck verliehen oder als Segenssprüche Kraft, Verstand und langes Leben bewirken sollten. Sie sind auch heute noch Anlässe, an die sich traditionelle Bräuche knüpfen.
Es kommt auch heute noch vor, daß Kindern während der ersten drei Lebensjahre die Haare nicht geschnitten werden. Selbst wenn dies nur ein Jahr lang nicht geschieht, kann der erste Haarschnitt ein religiöses und familiäres Ereignis sein. Es gibt genaue Vorstellungen darüber, wann es zu geschehen hat, und man nimmt oft eine Pilgerfahrt zum Anlaß, um das Kind an einem heiligen Ort scheren zu lassen. Der Kopf wird dabei kahlgeschoren, lediglich am Hinterkopf bleibt eine Locke oder Haarsträhne stehen. Sie bezeichnet jene Stelle, an der die Boten des Todes die Seele aus dem Körper ziehen. Es gehört zu den Zeichen des Entsagers, daß er sich auch diese

letzte Haarsträhne *(Shikhā)* abrasieren läßt. Auch Mädchen werden geschoren, allerdings meist nur einmal und oft sehr früh. Die Haare, mit denen ein Kind geboren wird, werden manchmal als unrein angesehen; außerdem gehört es zu den weit verbreiteten Begründungen für den Brauch des Kahlscherens der Kinder, daß dadurch ein üppigerer Haarwuchs gefördert werde.

Die Initiation (*upanayana,* „Hinführen"), deren äußeres Zeichen das Umlegen der heiligen Schnur, eines aus mehreren Strängen bestehenden Baumwoll-Fadens, ist, ist neben der Heirat und den Totenriten das wichtigste Sakrament.

Die brahmanischen Handbücher schreiben je nach Kaste ein unterschiedliches Alter für diesen Ritus vor. Erst mit der Initiation wurde ein junger Mann (bzw. ein Kind, wenn, wie im Fall von Brahmanen, die Initiation im Alter von acht Jahren vorgenommen wurde) zu einem vollwertigen Mitglied der dem Dharma verpflichteten Gemeinschaft. Mit der Initiation trat der Lehrer an die Stelle des Vaters. Der Aufenthalt beim Lehrer sollte zwölf Jahre dauern; in dieser Zeit wurde dem jungen Mann durch mündliche Belehrung der Wortlaut des Veda beigebracht, d.h., er mußte die Texte durch ständiges Nachsprechen auswendig lernen. Heutzutage beschränkt sich die Vermittlung der vedischen Tradition oft auf die Erlernung eines einzigen vedischen Gāyatrī-Mantra, einem an die Sonne gerichteten Vers, mit dem um Inspiration gebeten wird.

Vom Schüler wurde absolute Enthaltsamkeit erwartet; er lebte mit dem Lehrer und hatte ihm zu dienen. Seine Nahrung erwarb er sich durch Betteln; sein Stand wurde u.a. durch die Kleidung zum Ausdruck gebracht. Am Ende der Ausbildung stand ein rituelles Bad und die Entlohnung des Lehrers. [...]

Mit Abschluß der Ausbildungszeit durch das rituelle Bad war der junge Mann berechtigt und verpflichtet, eine Familie zu gründen. Heiraten ist im Hinduismus eine Angelegenheit der Familie und der Gesellschaft, nicht ein Recht des Einzelnen. Auch heute noch sind die meisten Eheschließungen arrangierte Heiraten; d.h., im Normalfall sind es die Eltern, welche die Partner für ihre Kinder aussuchen. Kastenrücksichten spielen dabei die erste Rolle; finanzielle Gesichtspunkte stehen dem in ihrer Wichtigkeit kaum nach, denn das Zustandekommen einer Verbindung hängt wesentlich von den Vereinbarungen über die Mitgift der Frau ab. Dieser Brauch der Mitgift ist ein wesentlicher Grund dafür, warum Töchter als Unglück angesehen werden; und haben Eltern *nur* Töchter und keine Söhne, durch deren Verheiratung sie die Mitgift der Töchter wettmachen können, dann bedeutet das in vielen Fällen finanziellen Ruin.

Auswahl der Partner und Festlegung des Hochzeitstermins geschehen nicht ohne Hinzuziehung des Astrologen, der die Horoskope von Mann und Frau vergleicht. Seine Beurteilung über die Verträglichkeit der Lebenswege, wie sie in den Sternen vorgezeichnet ist, wird kaum unbeachtet bleiben. Bestimmte Jahreszeiten und Monate werden als für Hochzeiten ungeeignet angesehen, während andere als besonders glückverheißend gelten. Innerhalb des abgesteckten Rahmens wird der Astrologe den genauen Tag, ja den genauen Zeitpunkt der Eheschließung bestimmen.

Die Hochzeitsriten selber finden unter einem kleinen Pavillon statt, in dem das heilige Feuer angezündet wird. Er ist mit Blumen und Bananenstauden geschmückt und sieht neben den Sitzgelegenheiten für Braut und Bräutigam nur Platz für den Brahmanen vor. Braut und Bräutigam „feiern" nicht zusammen. Die Braut ist in der Obhut der Frauen; sie ist meist tief verschleiert und wird dem Bräutigam nur für die jeweiligen Riten zugeführt. Es war nicht selten, daß Mann und Frau sich bis nach Vollzug aller Riten nicht von Angesicht zu Angesicht gesehen hatten.

Der religiöse Teil der Hochzeit ist vom gesellschaftlichen Teil oft zeitlich und räumlich getrennt. Zum gesellschaftlichen Teil gehört der Umzug, mit dem der Bräutigam von seiner Unterkunft zum Haus der Braut geleitet wird *(barāt).* Traditionellerweise sitzt der Bräutigam dabei, mit einer Art Krone geschmückt, auf einem Pferd (bei

Aus dem altindischen Hochzeitsritual

Westlich vom Feuer setzt er einen Mahlstein, nordöstlich einen Wasserkrug. Indem er sie anfaßt, opfert er stehend gen Westen gewandt, während sie gen Osten gewandt sitzt, mit den Worten: „Ich ergreife deine Hand zum Glück". Nur den Daumen soll er anfassen, wenn er wünscht, daß ihm nur männliche Kinder geboren werden. Nur die Finger, wer Töchter wünscht. Die Hand samt dem Daumen auf der Haar-(Rücken-)Seite, wenn er beides wünscht. Während er sie nach rechts dreimal um das Feuer und den Wasserkrug herumführt, murmelt er: „Ich bin er, du bist sie. Du bist sie, ich bin er. Ich bin der Himmel, du bist die Erde, ich der Gesang, du die Strophe. Komm, wir wollen uns also heiraten und Kinder zeugen! Wir wollen einander lieb, gefallend, frohen Sinnes, hundert Herbste leben!" So oft er sie herumführt, läßt er sie auf den Stein steigen mit den Worten: „Steige auf diesen Stein, sei so fest (treu) wie der Stein. Bezwinge die Feinde, bestehe die Feinde!"

Aus: K. F. Geldner, Vedismus und Brahmanismus. Verlag J. C. B. Mohr, Tübingen [2]1928, S. 61.

Fürsten wäre es ein Elefant, heute dient zumindest unter den gehobenen Schichten ein geschmücktes Auto als Gefährt). Eine Kapelle von Blechbläsern und Fackelträger begleiten den Zug, der sich langsam und unter Tanzen der ausgelassenen Teilnehmer fortbewegt. Nur die engsten Familienangehörigen bleiben nach der Bewirtung (die üblicherweise von Berufsköchen und gemietetem Personal in einem dafür aufgebauten Zelt durchgeführt wird) noch bis zur religiösen Zeremonie, während alle anderen Gäste sich nach dem Essen wieder verabschieden.

Der Ritus, der eine Ehe besiegelt und unauflöslich macht, sind die sieben Schritte *(saptapadī)*, die Mann und Frau gemeinsam vor oder um das heilige Feuer tun, jeder Schritt begleitet von der Bekräftigung des Wunsches nach Wohlstand und Wohlergehen. Die feierliche Begrüßung des Bräutigams (die Hochzeit findet meist im Haus oder im Ort der Braut statt), das gegenseitige Umlegen von Blumengirlanden, die feierliche Überreichung der Braut durch ihren Vater oder einen Stellvertreter *(kanyadana)*, das zeremonielle Ergreifen der Hand der Braut durch den Bräutigam, das Umschreiten des Feuers mit aneinandergebundenen Kleidern, das segnende Besprengen mit Wasser, das Bewerfen mit Reiskörnern und rotem Puder als Ausdruck des Wunsches nach Fruchtbarkeit – all dies sind mehr oder weniger verbreitete Bräuche, die sich zum Teil auf vedische Tradition und brahmanische Vorschriften berufen können.

Ein Brahmane wird bei jeder Hochzeit anwesend sein. Er murmelt die erforderlichen Sanskrit-Verse, die zu verstehen sich allerdings kaum einer der Anwesenden die Mühe macht. Der Form ist Genüge getan. Eine „bürgerliche" Eheschließung erfolgt nicht, auch keine Registrierung bei dem Standesamt. Die Anwesenheit der Gäste wird als hinreichend angesehen, wenn es darum gehen sollte, eine Verheiratung zu bezeugen[1].

Fast noch deutlicher als bei der Hochzeit wird bei den Totenriten, wie sehr der Hindu in den Gesellschaftsverband eingegliedert ist. Natürlich ist ein Todesfall kein „Fest". Aber jedem Indienreisenden wird auffallen, wie gelassen die meisten dem Tod gegenüberstehen, und wie öffentlich und unmittelbar das Sterben in den Alltag einbezogen ist – ein Rind, das auf der Straße verendet und das mit ein paar Steinen als Verkehrshindernis gekennzeichnet ist; ein Bettler, dessen Leiche an einem Bahnhof die Vorübergehenden zu einem Beitrag für die Kosten der Verbrennung auffordert; ein Trauerzug, der einen Leichnam auf einer schlichten Bahre zum Verbrennungsplatz trägt (und der, wenn es sich um eine „große" Leiche handelt, von Musikanten begleitet werden kann); nicht zuletzt die allen zugänglichen Verbrennungsplätze in Städten wie Kalkutta oder Benares [Varanasi].

Die Texte schreiben vor, daß der Sterbende auf der Erde, nicht auf einem Bett liegen soll. Durch das Vorlesen heiliger Texte (z. B. der Bhagavadgīta oder der Tausend Namen Vishnus) versucht man, die Gedanken des Sterbenden auf Gott zu richten; denn der Gedanke der letzten Augenblicke eines Lebens bestimmen das weitere Geschick.

Durch den Tod werden alle Familienangehörigen in einen Stand der Unreinheit versetzt; seine Dauer ist verschieden je nach Kaste, Geschlecht und Alter des Verstorbenen. Die Leiche wird möglichst umgehend zum Verbrennungsplatz getragen oder gefahren. Nur Männer begleiten den Leichenzug; im Wechsel wiederholen sie die Worte „Rāma nāma satya hai" (Rāmas Name ist Wahrheit). Die Leiche wird mit den Füßen nach vorn aus dem Haus getragen, damit der Geist nicht zurückkehren möge.

Am Verbrennungsplatz wird, wenn er an einem Fluß liegt, die Leiche mit den Füßen ins Wasser gelegt und dadurch symbolisch gereinigt. Für den Hindu kann im Zusammenhang mit dem Tod jedes Gewässer, jeder Fluß den Ganges bedeuten; denn der Ganges (für die Hindus feminin, die *Gaṅgā*) gilt als himmlischer Fluß, der auf die Erde herabkam, um den Verstorbenen den Weg in den Himmel zu eröffnen.

Es ist die Pflicht des ältesten Sohnes, den Scheiterhaufen anzustecken. Über den verkohlten Resten wird ein Krug mit Wasser ausgegossen, der dann zerbrochen wird. Wer es ermöglichen kann, wird die Asche seiner Angehörigen in der Gaṅgā versenken; Hardvar (dort, wo der Ganges aus dem Himalaya in die Tiefebene eintritt), Illahabad (am Zusammenfluß von Gaṅgā und Yamunā), Benares und die Mündung bei Kalkutta sind die dafür besonders heiligen Orte.

Aus: Peter Schreiner, Begegnung mit dem Hinduismus. Herder Verlag, Freiburg 1984, S. 96–101.

[1] Im modernen Indien gibt es die Möglichkeit der Eheschließung vor einem Richter; für solche Ehen ist auch die Möglichkeit der Ehescheidung gegeben. Hinduistisches Recht kennt keine Ehescheidung, bestenfalls die Möglichkeit, eine Frau zu verstoßen, z. B. weil sie unfruchtbar ist. Polygamie war nicht verboten.

Varanasi sehen und sterben

Die Bahnreise von Trivandrum im tiefen Süden Indiens nach Varanasi [englisch: Benares] hoch im Norden, fast schon im Schatten der Gipfel des Himalaya, dauert vier Tage und ist eine Strapaze, besonders jetzt, zur Monsunzeit, wenn immer wieder Fluten von Wasser und Schlamm die Fahrt des Zuges behindern, besonders für einen todkranken Mann wie Pandir Sukul, der sich nur noch eines ersehnt: in Frieden zu sterben und befreit zu werden aus seinem „Samsara", jenem endlosen und leidvollen Kreislauf von Geburt, Tod und Wiedergeburt, der in der religiösen Vorstellung frommer Hindus das Schicksal eines jeden Menschen bestimmt.
Pandir Sukul reist nach Varanasi – oder Kashi, die „Stadt des Lichtes", wie die Gläubigen sagen –, um dort zu sterben. Das Ziel seiner letzten Pilgerfahrt verheißt ihm Erlösung aus der ewigen Kette von Wiedergeburten. Dort wird er zum letzten Mal seine rituellen Waschungen vollziehen, und Gott Shiva wird ihn hinüberholen zu seiner endgültig letzten Reise. Der Schöpfer, Zerstörer und Erhalter, auf dessen Dreizack dieser dem gläubigen Hindu heiligste Ort auf Erden ruht, wird ihm das „Taraka Mantra", das „Fährboot-Mantra" ins Ohr flüstern. Es wird ihn wohlbehalten durch das Totenreich geleiten und direkt ins „Kailasha" führen, in das Paradies Shivas.
In Varanasi sterben – einem gläubigen Hindu ist für die Erfüllung dieses Wunsches kein Weg zu weit und zu beschwerlich, kein Opfer zu groß. So hat auch Pandir Sukul ein halbes Leben lang jede entbehrliche Paisa beiseite gelegt und mehrere tausend Rupien gespart – ein Vermögen für den Besitzer einer kleinen Garküche, zumal es auch für die Mitgift seiner drei Töchter zu sorgen galt, um ihnen zu ordentlichen Ehemännern zu verhelfen. Doch ein traditionelles Verbrennungs- und Totenzeremoniell hat seinen Preis, und auch die Dienste der daran beteiligten Priester gibt es nicht gratis.
In Varanasi wird er sich in einem der Sterbe-Hospize einquartieren und, im Kreise seiner Familie, die mit ihm reist, gelassen, ja freudig dem Tod entgegensehen. Am Ufer der heiligen „Mata Ganga" wird sein ältester Sohn den Scheiterhaufen aus Sandelholz mit einer Flamme des ewig brennenden sakralen Feuers am Manikarnika-Ghat entzünden. Die Fluten des Ganges werden seine Asche verschlucken, wie schon die von Abermillionen Toten; seit 2000 Jahren, wodurch der Lebensstrom Indiens zum wohl gigantischsten Friedhof der Welt geworden ist.

Aus: Burkhard Junghanß, Die letzte Station vor dem Eintritt ins Paradies. In der Stadt des Lichtes am heiligen Fluß Ganges. Frankfurter Allgemeine Zeitung vom 11. 10. 1990, Reiseblatt S. 1.

Sonnenaufgang in der Pilgerstadt Varanasi

Ganz langsam schiebt sich die Sonne als glutrote Scheibe über den Horizont des Ostufers empor, das leer wie eine Wüste und unbewohnt ist. Die ersten Pilger kommen aus dem Dämmerlicht der Altstadtgassen und steigen die vielen steilen Stufen zum Wasser hinab, um sich in das uralte Ritual der Morgenandacht zu versenken; schamhaft im Sari die Frauen, die Männer in blütenweißem Dhoti und Kurta oder nackt bis auf ein knappes Lendentuch, stehen sie bis zu den Hüften im lehmbraunen Wasser, die Hände vor der Brust gefaltet zum Namaste-Gruß. Mit hohlen, zum Gefäß geformten Händen schöpfen sie den himmlischen Nektar, um

Die Treppen für die heiligen Waschungen (Ghats) am Ganges in Varanasi (Benares).

ihn dann dem Fluß wieder zurückzugeben als Opfer für die Götter und Vorfahren. Dreimal tauchen sie unter, spülen Mund und Nase, spucken und schnauben, prusten und spritzen – bei aller Inbrunst mit sichtlichem Genuß. Manche murmeln still ihr Gebet vor sich hin, das Gesicht verzückt der Sonne zugewandt. Durch ihre Finger gleitet der Rosenkranz, die Rudraksha mala, deren Perlen die Augen Shivas symbolisieren. Andere begrüßen ihren Gott mit schallendem Ruf: „Jai, jai, Kashinath – Heil Dir, Herr von Kashi", „Ganga Mata ki Jai – Sei gegrüßt, Mutter Ganga".
Blumengirlanden, Rosenblätter, Süßigkeiten und Reis werden als Opfergaben dargebracht, tönerne Öllämpchen entzündet. Die ersten Strahlen der Morgensonne brechen sich golden funkelnd auf Kannen und Krügen aus Messing, die, wohlgefüllt mit einem Vorrat Gangeswasser, in den Tempel und mit nach Hause geschafft werden. Heilige Kühe, Wasserbüffel und Ziegen balancieren, immer auf der Suche nach etwas Freßbarem, über die Stufen der Ghats. Aus den offenen Fensterhöhlen der Tempel und Ashrams weht der eintönige Singsang betender Mönche, irgendwo wird ein Muschelhorn geblasen, dumpf grollender Gongschlag mischt sich mit dem silberhellen Gebimmel von Glöckchen und Schellen.
Auf Podesten, die an Stelzen über dem Wasser schweben, oder in Nischen der Ufermauer haben sich Sadhus, „Heilige Männer", zur Meditation zurückgezogen. [...] Varanasi ist chronisch überfüllt und scheint jeden Tag aufs neue aus allen Fugen zu platzen. Nie reißt der Strom der Pilger ab, die es aus allen Winkeln Indiens in die Stadt des Gottes Shiva zieht, ein Strom, der zu den großen Festen, die den traditionellen hinduistischen Kalender bestimmen, zu einer Flut Hunderttausender von Gläubigen anschwillt. Kaum ein Tag vergeht, ohne daß einer der „300 Millionen" Gottheiten des hinduistischen Götterhimmels gehuldigt würde.

Aus: ebenda (Junghanß, FAZ vom 11. 10. 1991, R1).

Pilgerfahrt und volkstümliches Erlösungsstreben

Unter den Gepflogenheiten, die zum praktischen Hinduismus auf allen Ebenen hinduistischer Gesellschaftsordnung und in ganz Indien gehören, sticht die Wallfahrt besonders hervor. Gerade wegen ihrer weiten Verbreitung und wegen ihres wesentlichen Bezugs auf Indien als kulturelle und geographische Einheit gehört der Brauch der Wallfahrt zu jenen religiösen Formen, die Indien und den Hinduismus als Einheit erscheinen lassen können.

Der Ort, zu dem eine Wallfahrt führt, wird meist *tīrtha* genannt (d. h. ursprünglich „Furt"). Dieser Sprachgebrauch erinnert daran, daß sicher mehr als die Hälfte aller Pilgerorte in Indien an Flüssen liegen, daß die meisten größeren Flüsse Indiens insgesamt als heilige Stätten gelten. Der Ganges ist der heilige Fluß schlechthin, mit dem sich Lokaltraditionen an anderen Flüssen dadurch in Beziehung setzen, daß jeder Fluß als Gaṅgā, jedes rituelle Bad als Bad mit Gangeswasser angepriesen werden kann. Die Quelle und die Mündung eines Flusses sind darüber hinaus besonders heilige Stätten.

Die Bezeichnung von Pilgerorten als „Furt" wird aber auch im übertragenen, geistlichen Sinne verstanden. Die Heiligkeit eines Ortes soll dem Besucher helfen, über den „Ozean weltlicher Existenzen" überzusetzen, den Strom der Unwissenheit zu überqueren, Unreinheit und Sünde abzuwaschen und abzulegen – Vergleiche, die man immer wieder hören kann und die etwas von der religiösen Bedeutung wiedergeben, die Hindus der Wallfahrt beimessen.

Auch Erhebungen, Berggipfel u. ä. gehören zu den Orten, die besonders gern Standort für einen Tempel, damit zum Wohnsitz einer Gottheit und Pilgerort werden können; dort gibt es ebenfalls meist künstlich angelegte und befestigte Teiche (Bassins), in denen die Pilger baden können.

Ein Pilgerort kann, muß aber nicht ein Tempel sein; d. h., die Wallfahrt kann, muß aber nicht einer Gottheit gelten. Der Fluß selber oder eine heilige Stadt wie Benares können an sich Ziel einer Wallfahrt sein. In einem solchen Fall gilt das ehrfürchtige Umschreiten dem heiligen Ort selber. Die um die Stadt Benares herumführende Route, auf der Pilger in fünf Tagen die Stadt umwandeln, ist der vielleicht berühmteste Fall. In Benares gibt es einen modernen Tempel, dessen „Götterbild" in einer als Relief gearbeiteten Landkarte von Indien besteht. Wer dieses Bild umschreitet, tut, was andere Pilger sehr viel mühsamer erreichen, indem sie jene vier Pilgerorte besuchen, die als die vier „Stätten" *(dhāma)* oder Residenzen (von Vishṇu bzw. Shiva) gelten, die an den vier „Ecken" Indiens gelegen sind: Badrīnāth im Norden, Puri im Osten, Rāmeśvara im Süden und Dvārakā im Westen. [...]

Was veranlaßt einen Hindu, eine Wallfahrt zu unternehmen? Das Hauptmotiv, das, will man den alten Quellen glauben, welche die Vorzüge einzelner Pilgerorte anpreisen, den Besuchern unterstellt wird, ist die Teilhabe am religiösen Verdienst, das dem Besuch eines Ortes und dem Vollzug bestimmter, vorgeschriebener Handlungen dort (und nur dort) anhaftet. Religiöses Verdienst ist das positive Gegenstück zu ritueller Unreinheit und Sünde; es stellt jene oft als gleichsam materialisierte und meßbare Größe vorgestellte Wirkung dar, die zu einer Verbesserung der weltlichen Lebensbedingungen und damit letztlich zur Möglichkeit führt, die Voraussetzungen für Erlösung aus der Welt zu erfüllen. Befreiung von Krankheit und Leiden, Erlangung von Nachkommenschaft und Reichtum, der „Gegenwert" von seltenen und aufwendigen Opferriten und ihr förderlicher Einfluß auf das jenseitige Geschick, Wiedergeburt in angesehenen Brahmanenfamilien, als Gelehrter oder als Yogin, ungeheuer lange Aufenthalte in himmlischen Welten oder in der Nähe erwählter Gottheiten – all das gehört zu den Wirkungen, zu den „Verdiensten", deren man durch den Besuch bei einem Pilgerort teilhaftig werden kann.

Aus: Peter Schreiner, Begegnung mit dem Hinduismus. Herder Verlag, Freiburg 1984, S. 104f.

Sadhus, Sannyasis, Yogis, Fakire und andere „Heilige“

Fromme und heilige Leute, seien sie echte Geistesjünger oder berufsmäßige Gaukler, Erleuchtete oder Betrüger, bevölkern in großer Anzahl von alters her die Straßen, Wege und Pfade Indiens und, seit es Eisenbahnen und Autobusse gibt, auch diese neueren Verkehrsmittel. Alle – ob Asketen, Fakire, Einsiedler, Yogis, Bettelmönche, Sannyasis oder andere religiöse Ordensbrüder – werden ‚Sadhus‘, das heißt ‚fromme Leute‘ genannt. Obwohl die Bezeichnung ‚Fakir‘, welche arabischen Ursprungs ist, eigentlich nur auf indische Asketen mohammedanischen Ursprungs angewendet werden sollte, werden auch viele hinduistische Sadhus als Fakire bezeichnet. Kaum einen Tempel, kaum einen heiligen Platz habe ich besucht, wo ich nicht einen dieser Sadhus angetroffen hätte. Ein Sannyasi ist in Indien ein pilgernder Bettler auf der letzten, der klassischen vierten Lebensstufe *(Ashrama)*, auf der des freiwilligen Weltverzichts. Bis zu seinem Tode wandert und wallfahrtet er heimatlos, ohne Verbindung mit seiner Familie auf dem Wege zur Vollendung. [...]

Der große Vedanta-Philosoph und Reformator des Brahmanismus, der nur zweiunddreißig Jahre alt gewordene Dichter Shankara [788–820], hat die noch heute blühenden vornehmsten Sannyasi-Orden begründet, welche hauptsächlich Shiva verehren. Die Angehörigen dieser Orden gliedern sich in zehn Klassen [Grade], die nach dem Maße ihrer Weltentsagung gestuft sind. [...]

Bei der Einweihung in eine der höheren Stufen muß der Einzuweihende nach dreitägigem Fasten feierlich erklären, daß er allen Besitz aufgibt, worauf für ihn eine Totenfeier *(Shraddha)* veranstaltet wird, um öffentlich darzutun, daß er für die Welt gestorben ist. Anschließend werden ihm alle Haare abrasiert, weil für den Sannyasi alle Kastenunterschiede fortfallen. Damit ist der Eingeweihte auch von allen Gesetzen der Religion, der Kasten und der Gesellschaft frei, so daß es für diesen bedingungslos freien Menschen keine Autorität außer seiner eigenen gibt. In dieser Feier gibt ihm der Guru einen neuen Namen und das lachsfarbene, gelbe oder rötliche Gewand, das die Form eines längeren Tuchstreifens hat und auf dem meist die Namen Shivas stehen. Von nun an wird der Eingeweihte weder Feuer noch Metall berühren, noch wird er mit Frauen reden; auch wird er alle Wege zu Fuß zurücklegen und nur noch auf der nackten Erde schlafen.

[...] Die wenig oder gar nicht bekleideten Sadhus werden nach einem zauberhaften Sanskritwort in Indien ‚die mit den vier Himmelsrichtungen Bekleideten‘ genannt. Eine andere treffende Bezeichnung für den Lebenswandel der zahlreichen Sadhus lautet ‚die Wanderer auf den Straßen außerhalb der Welt‘. Das Volk nennt nackte Sadhus ‚die von Gott Bekleideten‘. Die Behörden dagegen führen die Sadhus in der Rubrik der ‚unproduktiven Elemente‘ zusammen mit Prostituierten, Bettlern, Vagabunden und Irren. Sie begründen das damit, daß ein Sadhu immer heimatlos sei. Bei einer der letzten Zählungen im Jahre 1950 wurden immerhin 5 600 000 Sadhus gezählt.

Ein Sannyasi zelebriert – auch wenn er vorher ein brahmanischer Priester war – keine der üblichen Kulthandlungen mehr. Es wurde schon angedeutet, daß etwa drei Viertel aller Sadhus das Mönchsgewand nur angezogen haben, um zumindest ein faules, bequemes, wenn nicht sogar ein asoziales oder geradezu antisoziales Leben zu führen. [...]

Daß in Asien das Asketentum, wie alles Große auf der Welt, in Extremen hin und her pendelt und oft zur Farce oder Tarnung für alles menschlich Unzulängliche und Minderwertige wird, tut ihm in seiner moralischen Größe keinerlei Abbruch. Noch immer geben vornehme oder reiche Leute, wie Minister und Gelehrte, ein geregeltes, angenehmes Leben auf, um in Armut und Heimatlosigkeit als Sannyasis weise und heilig zu werden.

Aus: Hans-Hasso von Veltheim-Ostrau, Der Atem Indiens. Claassen Verlag, Hamburg 1954, S. 228–232.

Shivaitische Sadhus (erkennbar am Dreizack und waagrechten Zeichen auf der Stirn).

Begegnung mit einem wahren Sadhu

Ich erinnere mich an ein Gespräch mit einem Sadhu, der im eiskalten Herbstregen halbnackt vor dem Haus eines meiner Freunde in Lahore auf der Straße kauerte und von meinem Freund, der fließend Hindustani sprechen konnte, ins Haus gebeten wurde. Genau so gleichgültig, wie er früher den kalten Regen auf sich hatte prasseln lassen, ließ sich der Sadhu nun von dem wärmenden Kaminfeuer trocknen. Wir sprachen lange mit ihm, und alle seine Äußerungen ließen eine grenzenlose Verachtung der Tatsächlichkeiten erkennen. Der Luxus und die Behaglichkeit der Wohnung machten keinen Eindruck auf ihn, und er suchte uns begreiflich zu machen, daß es doch nur Täuschung und nicht Wirklichkeit sei. Selten wurde mir der ungeheure Einfluß der alten Philosophen auf das heutige Indien so deutlich bewußt wie in dem Augenblick, als der Sadhu, unsere weitere Gastfreundschaft ablehnend, mit einem lächelnden „es ist ja doch nur Täuschung" wieder in die kalte Nacht hinausging.

Aus: Herbert Tichy, Indien. Goldmann Verlag, Leipzig 1942, S. 81/82.

Heilige Kühe

Im Mittelpunkt des Hinduismus steht der Schutz der Kuh. Für mich ist der Schutz der Kuh eine der wunderbarsten Erscheinungen in der menschlichen Entwicklung. Er führt den Menschen über seine eigene Spezies hinaus. Für mich bedeutet die Kuh die ganze nichtmenschliche Schöpfung. Durch die Kuh ergeht an den Menschen der Auftrag, seine Einheit mit allem, was lebt, zu verwirklichen. Es ist für mich ganz klar, warum die Kuh für diese Apotheose erwählt wurde. In Indien ist die Kuh der beste Freund, sie war das Füllhorn. Sie gab nicht nur Milch, sie machte die Landwirtschaft erst möglich. Die Kuh ist ein Gedicht des Mitleids. Man kann Mitleid an dem freundlichen Tier lernen. In Indien ist sie die Mutter von Millionen. Schutz der Kuh heißt Schutz der ganzen stummen Kreatur Gottes. Dies ist das Geschenk des Hinduismus an die Welt. Und der Hinduismus wird leben, solange es Hindus gibt, die die Kuh beschützen.

Aus: Mahatma Gandhi, Freiheit ohne Gewalt. Übersetzt und hrsg. von Klaus Klostermeier. Hegner Verlag, Köln 1968, S. 112.

3. Zur Entwicklungsgeschichte und Lehre des Hinduismus

Vedismus, Brahmanismus, Hinduismus

Unter Hinduismus versteht man die indische Hauptreligion, der ungefähr 550 Millionen Menschen angehören. Im indischen Bereich wird hierfür auch die Bezeichnung „Brahmanismus“ verwendet, als eine Religion, die Brahmanen zu Priestern hat. In der überaus langen und vielfältigen religionsgeschichtlichen Entwicklung der indischen Hauptreligion zeichnen sich jedoch deutlich drei Phasen ab, sodaß auch des besseren Verständnisses wegen die Unterteilung in Vedismus, Brahmanismus im engeren Sinne und eigentlichem Hinduismus üblich wurde. Im allgemeinen Sprachgebrauch werden Vedismus und Brahmanismus dem Hinduismus als Bezeichnung für die indische Hauptreligion eingegliedert. Eine genaue Datierung der *drei Entwicklungsstufen* ist wegen der vielen Überschneidungen und Parallelerscheinungen nicht möglich. Gerade das tolerante Aufnehmen neuer Geistesströmungen zu uralter Weisheit ist ein Charakteristikum des Hinduismus.

Aus: Anneliese Keilhauer, Hinduismus. Indoculture Verlag, Stuttgart ^{3}1986, S. 11.

3.1 Hymnen an Götter und Mächte – Die Phase der frühen vedischen Religion (1200–900 v. Chr.)

Da unsere einzige Quelle für die älteste Stufe der indoarischen Religion die Hymnen des Rig- und teilweise die des Atharvaveda sind, läßt sich nur ein Teil der religiösen Phänomene dieser Zeit erfassen. So wissen wir nur wenig über den Ritus der frühvedischen Periode.

Aber auch über den eigentlichen Gegenstand der ältesten Texte, über die Götter und Mächte und ihr Verhältnis zum Menschen, erhalten wir nicht alle wünschbaren Informationen. Wenn die vedischen Dichter die Götter anrufen, zum Opfer laden, unter Berufung auf ihre früheren Taten um Beistand bitten, so setzen sie die von jenen Taten erzählenden Mythen als bekannt voraus und begnügen sich mit Anspielungen. Nimmt man die sprachlichen Schwierigkeiten hinzu, so ist es nicht verwunderlich, daß über das Wesen der vedischen Götter bis heute keine volle Einmütigkeit erzielt werden konnte. […]

Besonderes Interesse fanden die leichter unter ethischen und soziologischen Kategorien faßbaren Gottheiten wie Varuṇa, Mitra und Aryaman, Schützer des Eides, des Vertrages bzw. der Gastfreundschaft, oder die unpersönlichen Daseinsmächte wie das Rita („Ordnung“ oder „Wahrheit“) und das Brahman (nach J. Gonda eine allgemeine stärkende oder wachsenlassende Potenz, nach Thieme „Formung“, „Gestaltung“ im speziellen Sinn der formulierten sakralen Rede). […]

Man sollte jedoch nicht übersehen, daß in den Hymnen des Rigveda allenthalben auch von Naturvorgängen die Rede ist. Die Gewinnung des Sonnenlichts und die Befreiung der Wasser durch die Überwindung der Dämonen Vala und Vritra sind die Haupttaten Indras, des neben dem kultischen Feuergott Agni am häufigsten angerufenen Gottes, eines streitbaren Vorkämpfers der indoarischen Einwanderer, dessen Kraft man durch Preisgesänge und Darbringungen des berauschenden Somatranks zu mehren und der eigenen Sache dienstbar zu machen suchte.

Neben so ausgesprochenen Naturgottheiten wie Dyaus (Div-, Dyu-) und Prithivī (Himmel und Erde), Sūrya (Sonne) und Ushas (Morgenröte) werden eine Reihe von

Göttern verehrt, die wie Indra zwar in der Natur wirksam sind, deren Herkunft aus einer Naturerscheinung jedoch nicht mehr deutlich erkennbar und daher von den neueren Forschern meist entschieden bestritten wird, so der wohl doch als Sonnengott aufzufassende „Antreiber" Savitr; ferner die beiden Ashvin, mit dem frühen Morgen in Verbindung stehende, helfende und heilende Zwillingsgötter; der gefürchtete Rudra, ein Vorläufer des hinduistischen Shiva; der als Hirtengott gedeutete Pūshan; der im Vergleich mit seiner späteren Größe noch wenig profilierte Vishnu und der priesterliche Gott Brihaspati, der wie Indra bei der Gewinnung des Sonnenlichts mitwirkt. Auch Tvashtri, der „ Bildner", „Gestalter", steht noch in mythischen Handlungszusammenhängen; andere aus appellativischen Bezeichnungen hervorgegangene Götter dagegen bedeuten kaum mehr, als ihr Name besagt, z. B. Bhaga, „der Anteil (am Glück)", Vāc, „die Rede".
Im Unterschied zu den hohen, lichthaften Göttern des Rigveda ist im Atharvaveda mehr von den niederen Dämonen und Geistern die Rede, die den Menschen bei seinen täglichen Verrichtungen hindernd oder fördernd umgeben und die man durch Zaubersprüche zu bannen oder zu gewinnen sucht. Hier haben Elemente des Volksglaubens Eingang gefunden, die von der brahmanischen Hochreligion wohl eher widerwillig akzeptiert wurden.

Aus: Heinz Bechert u. a., Einführung in die Indologie. Wissenschaftliche Buchgesellschaft Darmstadt, S. 101–103 (gekürzt).

AGNI.

INDRA.

Indra, der Gott der Götter

Der Gott, der eben geboren besonnen als Erster die Götter mit Umsicht beschirmte, vor dessen Wut beide Welthälften Furcht hatten ob der Größe seiner Manneskraft – das ist Indra, ihr Leute (1).
Der die schwankende Erde festigte, der die tobenden Berge zur Ruhe brachte, der den Raum der Lüfte weiter steckte, der den Himmel stützte – das ist usw. (2).
Der dem Schwachen, der dem Kranken, der dem schutzbedürftigen, armen Brahmanen Mut macht, [...] der Sonne und Morgenrot erzeugte, der die Gewässer leitet – das ist Indra, ihr Leute (6/7).
Ohne den Menschen nicht siegen, den die Kämpfenden um Beistand anrufen, der einem jeden gewachsen ist, der das Unbewegliche bewegt – das ist usw. (9).
Der alle, die großen Frevel verüben, unversehens mit der Waffe erschlug, der dem Übermächtigen seine Übermacht nicht vergibt, der den Barbaren erschlägt – das ist Indra, ihr Leute (10).
Aus: Rigveda 2,12, übersetzt von K. F. Geldner, in: Vedismus und Brahmanismus, a. a. O., S. 5 f.

Das Weltschöpfungslied

1. Weder Nichtsein noch Sein war damals; nicht war der Luftraum noch der Himmel darüber. Was strich hin und her? Wo? In wessen Obhut? Was war das unergründliche, tiefe Wasser?
2. Weder Tod noch Unsterblichkeit war damals; nicht gab es ein Anzeichen von Tag und Nacht. Es atmete nach seinem Eigengesetz ohne Windzug dieses E i n e. Irgend ein anderes als dieses war weiter nicht vorhanden.
3. Im Anfang war Finsternis in Finsternis versteckt; all dieses war unkenntliche Flut. Das Lebenskräftige, das von der Leere eingeschlossen war, das E i n e wurde durch die Macht seines heißen Dranges geboren.
4. Über dieses kam am Anfang das Liebesverlangen, was des Denkens erster Same war. – Im Herzen forschend machten die Weisen durch Nachdenken das Band des Seins im Nichtsein ausfindig.
5. Quer hindurch ward ihre Richtschnur gespannt. Gab es denn ein Unten, gab es denn ein Oben? Es waren Besamer, es waren Ausdehnungskräfte da. Unterhalb war der Trieb, oberhalb die Gewährung.
6. Wer weiß es gewiß, wer kann es hier verkünden, woher sie entstanden, woher diese Schöpfung kam? Die Götter (kamen) erst nachher durch die Schöpfung dieser (Welt). Wer weiß es dann, woraus sie sich entwickelt hat?
7. Woraus diese Schöpfung sich entwickelt hat, ob Er sie gemacht hat oder nicht – der der Aufseher dieser (Welt) im höchsten Himmel ist, der allein weiß es, es sei denn, daß auch er es nicht weiß.

Aus: Rigveda 10,129, übersetzt von K. F. Geldner, in: Helmuth von Glasenapp, Indische Geisteswelt, Bd. 1. Holle Verlag, Baden-Baden 1959, S.21/22.

▷ Vergleichen Sie diesen Weltschöpfungsmythos mit dem der Bibel.

Gott Varuna – Hüter der Weltordnung und Wahrheit

Wer steht und geht, wer sich seitwärts drückt, sich versteckt und flieht, was zwei beisammensitzend ratschlagen, das weiß König Varuṇa als Dritter.
Sowohl diese Erde gehört dem König Varuṇa als auch jener hohe, fernbegrenzte Himmel, und beide Meere sind des Varuṇa Seiten, und auch in diesem kleinen Gewässer ist er verborgen.
Und wer über den Himmel hinaus sich schliche bis ans jenseitige Ende (der Welt), der würde nicht dem König Varuṇa entgehen. Vom Himmel kommen seine Späher hieher, mit tausend Augen spähen sie über die Erde.
All das sieht König Varuṇa, was zwischen Himmel und Erde, was jenseits ist. Er hat die Augenblicke der Menschen gezählt, er berechnet alle Dinge wie ein gewandter Spieler seine Würfe.
Die sieben mal sieben Schlingen, o Varuṇa, die dreifach geöffnet dastehen, die bösen, alle die sollen den, der die Unwahrheit spricht, fesseln. Wer die Wahrheit spricht, den sollen sie freilassen.
Mit hundert Schlingen binde ihn, o Varuṇa; nicht soll dir, o Wachsamer, der Lügner entwischen. Mit hängendem Bauch soll der Bösewicht dasitzen wie ein aus Rand und Band gegangenes Faß.

Aus: Atharvaveda 4,16, übersetzt von K. F. Geldner, in: Vedismus und Brahmanismus, a. a. O., S. 40.

Aus einem Lied an alle Götter

Gute Gedanken sollen uns von allen Seiten kommen, unbeirrte, unerreichte, durchschlagende, auf daß die Götter uns immerdar zum Segen seien und sorgsame Beschützer Tag für Tag (1).
Der Götter Wohlwollen bringt den recht Wandelnden Glück, der Götter Gunst soll bei uns einkehren. Um der Götter Freundschaft haben wir geworben, die Götter sollen unsere Lebensfrist verlängern (2).
Lasset uns Gutes mit den Ohren hören, Gutes mit den Augen sehen, o ehrwürdige Götter! Die wir euer Lob gesungen haben, wir wollen mit starken Gliedern und Leibern das volle gottgesetzte Lebensalter erreichen (8).
Hundert Jahre liegen vor uns, ihr Götter, in denen ihr uns das Alter der Leiber bestimmt habt, in denen die Söhne zu Vätern werden. Bringet uns nicht mitten auf dem Lebensweg am Leben zu Schaden (9)!

Aus: Rigveda 1,89, übersetzt von K. F. Geldner, in: K. F. Geldner, Vedismus und Brahmanismus. Mohr Verlag, Tübingen ²1928, S. 3.

Preislied an die Mutter Erde

Schneebedeckt sind deine Berge und Gebirge; dein Wald, o Erde, soll einladend sein. Die braune, schwarze, rote, allfarbige feste Erde, die Indrabeschützte, auf ihr stehe ich unberaubt, ungeschlagen, unverwundet (11).
Aus dir entstanden wandeln die Sterblichen auf dir, du trägst Zweifüßler und Vierfüßler; dein sind, o Erde, diese fünf Menschengeschlechter, die sterblichen, über denen aufgehend die Sonne mit ihren Strahlen das ewige Licht ausspannt (15).
Die allgebärende Mutter der Pflanzen, die feste Erde, durch ihren Halt gehaltene, die freundliche, einladende, auf ihr möchten wir immerdar wandeln (17).
Groß bist du, ein großer Sammelplatz geworden, groß ist dein Stoß, dein Zittern und Beben. Der große Indra soll dich ohne Unterlaß schützen (18).
Auf der Erde leben die sterblichen Menschen nach ihrem Eigengesetz von der Speise. Die Erde soll uns Odem und Leben verleihen, die Erde soll mich lange leben lassen (22).
Die Erde trägt viele Völker, die in verschiedenen Sprachen reden und je nach ihrer Heimat andere Gesetze haben, diese Erde soll mir in tausend Strahlen ihren Reichtum melken, wie eine stillhaltende Kuh, die nicht ausschlägt (45).
Unter deinen vielen von Menschen begangenen Wegen und Fahrstraßen für Wagen und Karren, auf welchen beide, Gute und Böse, wandeln, laß uns den feinde- und räuberfreien Weg gewinnen. Was glückbringend ist, damit begnade uns (47)!
Wie ein Roß den Staub, so hat sie die Menschen, die die Erde bewohnen, abgeschüttelt, seit sie bestand, die entzückende, an der Spitze gehende, die Hüterin der Welt, die Bäume und Pflanzen festhält (57).
Mutter Erde, bring mich glücklich in eine gesicherte Lage, im Verein mit dem Himmel, o Weise, verhilf mir zu Glück und Gedeihen (63)!

Aus: Atharvaveda 12,1. Übersetzt von K. F. Geldner, in: K. F. Geldner, Vedismus und Brahmanismus, a. a. O., S. 26/27.

3.2 Ritualismus und Erlösungsstreben – Die spätvedisch-brahamanistische Phase (900–400 v. Chr.)

Die ursprünglich als Bitt- und Sühneopfer den jeweils gnädig zu stimmenden Göttern gewidmeten Riten werden in spätvedischer Zeit zu einer komplizierten Wissenschaft ausgestaltet, in der die Götter mehr und mehr ihre Personalität verlieren und schließlich als zwar unentbehrliche, aber manipulierbare Faktoren, nicht mehr als selbständige Willensträger aufgefaßt werden. Nicht sie sind es, die dem Opfer zum Erfolg verhelfen, sondern die Opferhandlung selbst führt, falls sie bis in das letzte Detail richtig ausgeführt wird, den gewünschten Effekt herbei, sei es weltlichen Wohlstand, Schädigung des Rivalen oder Entsühnung von Schuld und Wohlergehen im Jenseits.

Über die großen vedischen Opferzeremonien sind wir in allen Einzelheiten informiert. Die vom ausführenden Opferpriester (adhvaryu) zu rezitierenden Sprüche sind in den Yajurveda-Saṃhitās, die Deutungen der einzelnen Handlungen in den Brahmaṇas enthalten. Systematische Darstellungen der großen Opfer geben die Shrautasutras, die mit dem Neu- und Vollmondsopfer anfangend, in derselben Reihenfolge wie die Yajurveda-Saṃhitā die einzelnen Riten behandeln. Dazu gehören die täglich darzubringenden Feueropfer (agnihotra), die alle vier Monate stattfindenden Jahreszeitenopfer (cāturmāsya), die verschiedenen Somaopfer, unter denen der mit einem Wagenrennen verbundene Vājapeya und das Königsweiheopfer Rājasuya für den Kriegeradel von besonderer Bedeutung waren, schließlich die langwierige Feueraltarschichtung (agnicayana) und das von Königen zur Besiegelung ihrer Herrschaft veranstaltete Pferdeopfer (ashvamedha).

Veranstalter des Opfers ist immer ein einzelner, der Opferherr (yajamāna), der die Zeremonie finanziert und sich dafür persönliche Vorteile in diesem oder jenem Leben erhofft. Freilich ist mit dem Wohl des opfernden Königs auch das seines Volkes verknüpft, so daß die großen Opfer wie der Rājasūya oder der Ashvamedha den Charakter einer volksfestartigen Staatszeremonie annehmen konnten.

Die kleineren, ohne großen Aufwand zu vollziehenden häuslichen Riten werden in den Grihyasūtras dargestellt. Hier spielen neben den täglichen, vierzehntäglichen oder sonstigen periodischen Opfern die bei bestimmten Gelegenheiten auszuführenden Riten eine besondere Rolle. Für alle kritischen Momente des menschlichen Lebens sind Saṃskāras, das sind Weiheriten oder Sakramente, vorgeschrieben, für den neugeborenen Knaben z. B. allein vier verschiedene Zeremonien, von der „Belebung" (āyushya) bis zur Namengebung (nāmakaraṇa).

In dem Maße wie das vedische Opfer zu einer komplizierten Wissenschaft ausgestaltet wird, entfernt sich die Theorie dieser Wissenschaft vom altvedischen Götterglauben. Die religiöse Spekulation richtet sich zunehmend auf unpersönliche Potenzen, z. B. auf die Metren oder auf die Jahreszeiten, die aufgrund numerischer und anderer Übereinstimmungen mit Bestandteilen des Ritus gleichgesetzt werden. Die Opferzeremonie symbolisiert makro- und mikrokosmische Vorgänge, deren Entsprechungen man durch eine unübersehbare Fülle oft willkürlich anmutender Identifizierungen belegt.

Die schon in den jüngsten Hymnen des Ṛgveda einsetzende Suche nach einer aller Göttervielfalt zugrundeliegenden letzten Einheit führt zur Entwicklung einer Art Übergott in Gestalt des Prajāpati, der mit dem Opfer und zugleich mit der Totalität des Kosmos gleichgesetzt wird.

Aus: Heinz Bechert u. a., Einführung in die Indologie. Wiss. Buchgesellschaft Darmstadt, S. 104f.

▷ Was ändert sich in der spätvedisch-brahmanistischen Phase (ca. 900–400 v. Chr.) gegenüber der frühen vedischen Phase (siehe Text S. 34)?

Gott Prajapati erschafft die Welt

Dieses Weltall war nämlich im Anfang gar nichts, nicht war Himmel, nicht Erde, nicht Luftraum. Dieses, weil es nichtseiend war, *richtete* sein *Denken* darauf: ich will *sein.* Es erhitzte sich innerlich. Und aus dem Erhitzten entstand Rauch. Es erhitzte sich noch mehr, aus dem Erhitzten entstand Feuer. Es erhitzte sich noch mehr, aus dem Erhitzten entstand Helle. Es erhitzte sich noch mehr, aus dem Erhitzten entstanden Lichtstrahlen. Es erhitzte sich noch mehr, aus dem Erhitzten entstanden Dünste. Es erhitzte sich noch mehr, es ballte sich wie eine Wolke zusammen. Es sprengte seine Harnblase (2). Die ward zum Meere. Darum trinkt man nicht aus dem Meere, denn man sieht es wie ein Geschlechtsorgan an.
Die Welt war also Wasser, Meerflut. Da weinte Prajāpati (3): *Wozu* ward ich geboren, wenn für solchen haltlosen Grund? Die Träne, die ins Wasser fiel, wurde zur Erde, was er abwischte, das ward zum Luftraum, was er nach oben wischte, das ward zum Himmel. (4). Dies war nämlich der Ursprung der Welten. Wer also den Ursprung der Welten kennt, dem widerfährt in diesen Welten kein Unglück. Er fand in ihr (der Erde) eine Unterlage. Als er in ihr eine feste Unterlage gefunden hatte, wünschte er: ich will mich fortpflanzen. Er erhitzte sich innerlich und wurde schwanger. Er gebar aus seinem Hinteren die Dämonen (5); denen molk er in einem irdenen Gefäß Speise. Und diesen seinen Leib legte er ab. Der ward die finstere Nacht. - Er wünschte: ich möchte mich fortpflanzen. Er erhitzte sich innerlich und wurde schwanger. Er gebar aus seinem Zeugungsglied die Geschöpfe. Darum sind diese die zahlreichsten, denn er hatte sie aus seinem Zeugungsglied geboren (6). Denen molk er in einem hölzernen Gefäß Milch, und diesen seinen Leib legte er ab. Der ward die Mondnacht. - Er wünschte: ich möchte mich fortpflanzen. Er erhitzte sich innerlich und wurde schwanger. Er gebar aus den beiden Achselhöhlen die Jahreszeiten, denen molk er in einem silbernen Gefäß Schmalz. Und diesen seinen Leib (7) legte er ab. Der ward die Zwischenzeit zwischen Tag und Nacht. - Er wünschte: ich möchte mich fortpflanzen. Er erhitzte sich innerlich und wurde schwanger. Er gebar aus seinem Mund die Götter; denen molk er in einem goldenen Gefäß den Soma. Und diesen seinen Leib legte er ab. Der ward der Tag (8). Das sind die Melkungen des Prajāpati. Wer also weiß, melkt die Geschöpfe aus.
Das ist der Ursprung von Tag und Nacht. Wer also den Ursprung von Tag und Nacht kennt, dem widerfährt weder am Tag noch in der Nacht ein Unglück (9).
(Rekapitulation): Aus dem Nichtseienden entsprang das Denken, das Denken erzeugte den Prajāpati, Prajāpati erzeugte die Geschöpfe. Diese Welt, alles was da ist, *wurzelt also letzten Endes nur im Denken. Dieses* (Denken) ist das *Brahman,* das da heißt Morgenbesser. Jeder neue Morgen geht für ihn glückbringender auf, es mehren sich seine Kinder und sein Vieh, er erreicht das Maß des Allerhöchsten, wer solches weiß (10).

Aus: Taittirīyabrahmana, 2, 2, 9, übersetzt von K. F. Geldner, in: K. F. Geldner, Vedismus und Brahmanismus, a. a. O., S. 89–91.

▷ Vergleichen Sie den Prajapati-Mythos mit Genesis 1,1–2,4, der ersten Schöpfungsgeschichte des Alten Testaments. Wo liegen die Gemeinsamkeiten, wo die Unterschiede?

Tempelpriester (Brahmanen) in Kanchipur (Südindien)

Die Brahmanen – „Götter in Menschengestalt"

Die Vorstellung, daß das Opfer eine Größe von metaphysischer Dignität sei, führte dazu, daß die Götter, denen die Opfer dargebracht wurden, diesem gegenüber in den Hintergrund traten. Der Priester, der in der richtigen Weise die heiligen Handlungen ausführt, ist Herr über die Götter, weil die Himmlischen nach dem magischen Gesetz, das die Welt regiert, gezwungen sind, sich seinem Willen zu fügen. War in den Veda-Liedern das Opfer noch das Mittel, um einen Gott zu veranlassen, dem Verehrer eine Gnade zu gewähren, so wird hier das Opfer zum Selbstzweck, der Gott ist gewissermaßen nur der Funktionär, der das Gewünschte herbeiführt. Diese neue Auffassung hatte naturgemäß eine außerordentliche Steigerung des Ansehens des Priestertums zur Folge: die Brahmanen sind „Götter in Menschengestalt", die die himmlischen Götter theurgisch zur Erfüllung aller Wünsche zwingen können. Der Vorrang der Brahmanen vor Kriegern, Vaishyas und Shûdras ist bis heute ein wesentlicher Zug des indischen Kastenwesens, das anscheinend in dieser Zeit entstand, als die Arier aus dem Punjab in die Gangesebene vorgedrungen waren.

Aus: Helmuth von Glasenapp, Indische Geisteswelt, Band 1. Holle Verlag, Baden-Baden 1959, S. 29.

Aussprüche aus den Brahmanas über Jenseits und Unsterblichkeit

Was ihm (dem Opferer) auch immer verloren geht, was ihm stirbt und was sie ihm fortschleppen, all das wird ihm in jener Welt zurückerstattet, wie das, was er bei einem Opfer gespendet hat (Ait. Br. 5,28,2).
Wenn einer stirbt und sie ihn ins Feuer legen, so wird er aus dem Feuer (neu) geboren, und das Feuer verbrennt nur seinen Leib. So wie er von Vater oder Mutter geboren wird, so wird er aus dem Feuer (neu) geboren (S'at. 2,2,4,8).
Der Opfernde ersteht mit seinem vollständigen Leib in jener Welt (S'at. 4,6,1,1).
Welche Speise der Mensch in dieser Welt ißt, die ißt ihn in jener Welt wieder (S'at. 12,9,1,1).
Aus dem Nichtsein führe mich zum Sein, aus der Finsternis führe mich zum Licht, aus dem Tod führe mich zur Unsterblichkeit (S'at. 14,4,1,30)!

Aus: Aitareyabrahmana und Shatapathabrahmana, übersetzt von K. F. Geldner, in: K. F. Geldner, Vedismus und Brahmanismus, a. a. O., S. 76/77.

Atheistische und agnostizistische Ansätze in den Brahmanas

In den Kindern pflanzest du dich fort, das ist, o Sterblicher, deine Unsterblichkeit (TBr. 1,5,5,6).
Die Unsterblichkeit des Menschen besteht darin, daß er das volle Leben erreicht und immer reicher wird (Tāṇḍ. Br. 22,12,2).
Die Götterwelt ist der Menschheit verborgen. Es ist nicht gut, aus dieser Welt zu gehen, sagt man, denn wer weiß, ob es das (was man hier hat) in jener Welt gibt oder nicht (TS. 6,1,1,1).
Das Morgen ist ungewiß (Shat. 2, 3, 1, 28).

Aus: Taittiriyabrahmana, Tandyabrahmana, Kathaka, und Taittiriayasamhita, übersetzt von K. F. Geldner, in: K. F. Geldner, Vedismus und Brahmanismus, a. a. O., S. 76.

Die Lehren der Upanishaden

Die Upanishaden („Geheimlehren") sind die ältesten philosophischen Traktate der Inder.
Da sie auf die verschiedensten Denker und Schulen zurückgehen, lehren sie kein festumrissenes philosophisches System, sondern bringen die mannigfaltigsten Anschauungen zum Ausdruck. Während vieles in ihnen deutlich den Wesenszug primitiv-magischen Denkens trägt, tritt auf der anderen Seite eine tiefsinnige Mystik hervor, die auf die spätere Entwicklung maßgebenden Einfluß ausgeübt hat. Die Grundanschauungen dieser Gottschau gehen dahin: Die Einzelseele [atman] ist unsterblich. Durch das Gesetz der ewigen Vergeltung gezwungen, irrt sie umher, in die vergänglichen Leiber von Göttern, Menschen, Tieren und Pflanzen gebannt, und findet nirgends Rast und Ruhe. Einen Ausweg aus dem Kreislauf der Existenzen [samsara] bietet nur die Erkenntnis, daß alles Vergängliche nicht der Seele angehört, daß diese selbst vielmehr mit dem ewigen, seligen Weltgeiste [brahman] verwandt oder wesenseins ist. Wer diese höchste Wahrheit erfaßt, der ist erhaben über Leid und Tod; er wird nicht wiedergeboren und geht zum Absoluten, zum Brahman ein.

Aus: Helmuth von Glasenapp, Indische Geisteswelt, Bd. 1, a. a. O., S. 35.

Gleichnisse und Kernsprüche aus den Upanishaden

[Die letzte wirkliche Realität]

Uddâlaka Âruni belehrt seinen Sohn Shvetaketu.
„Bringe mir eine Frucht von dem Feigenbaum dort." „Hier ist sie, Erhabener." „Spalte sie." „Sie ist gespalten, Erhabener." „Was siehst du darin?" „Diese fast atomgroßen Kerne." „Spalte einen von diesen." „Er ist gespalten, Erhabener." „Was siehst du darin?" „Gar nichts, Erhabener." Da sagte (der Vater) weiter zu ihm: „Dieses ganz Feine, das du nicht mehr wahrnimmst, mein Lieber, aus diesem (erwachsen) steht dieser große Feigenbaum da. Glaube mir, mein Lieber, aus diesem Feinen besteht diese ganze Welt. Dies ist das Wahre (d. h. die letzte wirkliche Realität), dies ist der âtman, das bist du (tat tvam asi), o Shvetaketu." *(Chandogya-Up 6,12)*

[Der upanishadische Heilsweg]

Dieser Ātman kann nicht durch Belehrung erfaßt werden, nicht durch Geistesgabe noch durch viel Gelehrsamkeit. Nur wen er sich erwählt, der kann ihn erfassen; dem enthüllt sich selbst dieser Ātman. *(Mundaka-Up. 3,2,3)*
Nicht wird er mit dem Auge erfaßt, noch mit dem Wort, nicht (durch Gleichsetzung) mit anderen Göttern, nicht durch Kasteiung und Opferwerk. Wer aber durch Ungetrübtheit der Erkenntnis reinen Herzens ist, der schaut ihn dann, sich in den Ungeteilten versenkend. *(Mundaka-Up. 3,1,8)*
Kein Auge dringt zu ihm, kein Wort, auch kein Gedanke dringt hin. Wir wissen nicht, wir verstehen nicht, wie man es lehren sollte. Verschieden ist es von Gewußtem und auch von Ungewußtem.
Wenn du meinst, daß du es gut kennst, so kennst du gewiß doch nur wenig, nur die Form des Brahman, was von ihm du selbst bist, und was von ihm in den Göttern steckt. So ist, wie ich meine, dein Wissen noch zu beanstanden.
Ich glaube nicht, daß ich es gut verstehe, und ich weiß, daß ich es nicht nicht verstehe. Wer unter uns das versteht, der versteht es und versteht, was es heißt: ich verstehe es nicht nicht.
Wem es unverstanden bleibt, der hat es verstanden; wer es verstanden hat, der kennt es nicht. Unbegriffen bleibt es den Begreifenden, begriffen wird es nur von den nicht Begreifenden *(Kena-Up. 1,3,2).*

Aus den Upanishaden übersetzt von K. F. Geldner; in: K. F. Geldner, Vedismus und Brahmanismus, a. a. O., S. 144, 147.

Sobald der Wunsch nach allem schwindet,
Wonach des Menschen Herz verlangt,
Dann wird der Sterbliche unsterblich,
Schon hier das Brahma er erlangt.

Brihadanyaka-Upanishaden 4, 4, 7, übersetzt von H. v. Glasenapp; in: H. v. Glasenapp, Indische Geisteswelt, Bd. 1, a. a. O., S. 38.

[Das upanishadische Heilsziel]

Wie die fließenden Ströme im Meere verschwinden, indem sie Namen und Form ablegen, so geht der Weise, von Namen und Form erlöst, in den himmlischen Geist ein, der höher als das Höchste ist. Wer nämlich das höchste Brahman kennt, der wird selbst zu Brahman. In seiner Familie wird keiner geboren, der das Brahman nicht kennt. Er überwindet den Schmerz, überwindet das Übel, von den geheimen (Herzens)knoten befreit, wird er unsterblich *(Mundaka-Up. 3,2,8)*
Wenn die Seele, die in der anfangslosen (Welt)täuschung schlief, erwacht, dann erwacht das ungeborene, nicht schlafende noch träumende zweitlose (Brahman). *(Mandukya-Karika 1,16)*
Wer also die Form des höchsten Ātman erkannt hat, den im Verborgnen ruhenden, teillosen, zweitlosen, den allem zuschauenden, der frei von Sein und Nichtsein ist, der geht ein in die reine Form des höchsten Ātman. *(Kaivalya-Up. 19,24)*

Aus den Upanishaden übersetzt von K. F. Geldner, in: Vedismus und Brahmanismus, a. a. O., S. 144, 146, 145.

▷ Atman und Brahman, in den Upanishaden das mikrokosmisch und das makrokosmisch vorgestellte Absolute, sind unverkennbar, ungreifbar, anfangslos, unzerstörbar. Wie kann man dann von ihnen wissen, wie über sie reden?

gitā als gleichwertiger oder sogar übergeordneter Weg zur Erlösung neben dem Karmamarga („Weg der – rituellen oder sonstigen verdienstlichen – Handlungen") und dem Jñānamārga („Weg der Erkenntnis"). Das Bild des mittelalterlichen Vishnuismus wird stark von Bhakti-Dichtern, -Heiligen und Philosophen bestimmt. In der spätmittelalterlichen Zeit wird die Phantasie der mystischen Gottsucher von dem erotisch gefärbten Bild des mit Hirtinnen (gopī) tändelnden Krishṇa, vor allem seinen Beziehungen zu der als Gottesbraut verstandenen Rādhā stimuliert.
Im Gegensatz zum Vishṇuismus überwiegen im Shivaismus zunächst die düsteren Züge. Shiva ist wie schon sein Vorgänger Rudra ein unheimlicher Gott, den man wegen seiner verderbenbringenden Macht gnädig stimmen mußte. Innerhalb der sich im klassischen Hinduismus entwickelnden Götter-Trias, in der Brahma als Schöpfer und Vishṇu als Erhalter fungieren, spielt er die Rolle des Zerstörers (Tāṇḍava) –, und schon früh setzt man ihn mit Kāla, dem allesvernichtenden Gott der Zeit und des Todes, gleich. Er ist der Gott der aschebeschmierten Wanderasketen und der Prototyp eines Yogi. Die Glut, die sich in seiner Askese sammelt, wird gleichzeitig als gespeicherte sexuelle Potenz verstanden: Der zeugungskräftige Stier und der vielfach das Bild des Gottes vertretende Phallus (liṅga) sind seine Symbole.
Ebenso wie Vishṇu wird Shiva für seine Verehrer zu einem universellen Gott, der als Mahādeva („Großgott") das Universum mitsamt dem übrigen hinduistischen Pantheon in sich begreift. Der Shivaismus erobert im Laufe des indischen Mittelalters weite Teile Indiens, vor allem den Süden, wo er sich gegen Buddhismus und Jainismus durchsetzt.

Aus: Heinz Bechert u. a., Einführung in die Indologie, a. a. O., S. 107 ff. (gekürzt).

Der Gestalt des Gottes Shiva mit seinen vielen Namen und Erscheinungsformen bringt ganz Indien eine tiefe Verehrung entgegen. Er verkörpert die unpersönlich sich ewig ändernde Lebenskraft, die in der Schöpfung waltet. Widerstreitende Züge sind in ihm lebendig, er ist gütig und zornig, lebensspendend und -vernichtend. Die in Südindien entstandene Darstellung des Naṭarâja, des „Königs des Tanzes", ist Bild gewordene Shiva-Theologie. Der „selige Reigen" des Gottes auf dem Tanzboden des Kosmos symbolisiert seine fünf Handlungen: Die Doppeltrommel setzt mit ihrem vibrierenden Klang die Schöpfung in Bewegung; die erhobene Hand in der Geste des Schutzes bewahrt sie vor Unheil; der Fuß auf der Dämonengestalt zerstreut die Verblendung; die auf die Zehenspitze weisende Hand gewährt Trost; der im Haupt des Feuergottes verkörperte Weltenbrand löst das Universum wieder auf. Aus den flatternden Asketenlocken strömt die alles befruchtende und reinigende Gaṅgâ. Der Flammenkranz symbolisiert den Kosmos in Bewegung.

▷ Welche Entwicklungen bringt die ab 400 v. Chr. einsetzende hinduistische Phase mit sich, die zur heutigen Ausprägung des Hinduismus führte?
▷ Erläutern Sie die zentralen hinduistischen Begriffe Karma, Samsara, Maya, Moksha und Bhakti.
▷ Wie wird der Zusammenhang von Leib und Seele gesehen? Wie ist das in anderen Religionen?
▷ Worin besteht der Bedeutungswandel der Götter?

3.3 Der eine Gott bzw. das eine göttliche Sein – Zum weiteren Verlauf der indischen Religionsgeschichte (Hinduistische Phase im engeren Sinn; ab 400 v. Chr.)

Zwei Linien kennzeichnen den weiteren Verlauf der indischen Religionsgeschichte, die beide schon im Veda entspringen, freilich nicht im älteren, sondern im jüngeren Veda: einerseits die Richtung auf den personal einen und absoluten Gott, und andererseits die Wendung zum neutral einen göttlichen Sein. Es ist kein Zweifel, daß auf das Ganze der indischen Religionsgeschichte gesehen die religiöse Einstellung auf das neutrale göttliche Sein dominiert, aber auch die monotheistische Linie ist niemals völlig verlorengegangen und tritt vor allem im Hinduismus mit seinen persönlichen Heilandgöttern und der liebevollen Hingabe an sie (bhakti) deutlich hervor.

Aus: Gustav Mensching, Allgemeine Religionsgeschichte. Quelle & Meyer, Heidelberg [2]1949, S. 29.

Zwei Wege zur Erlösung von Karma, Samsara und Maya

Das Zentraldogma aller indischen religiösen Systeme, mögen sie theistisch, pan-en-theistisch, theopantistisch oder atheistisch sein, ist die Lehre vom Karma [dem nachwirkenden Tun] und von der Seelenwanderung [Samsara]; das Ziel jedes religiösen Menschen muß daher darauf gerichtet sein, sich durch gute Taten eine gute Wiederverkörperung zu sichern. Da aber jede, auch die glücklichste und langfristigste Existenz, wie die in einem Götterhimmel, schließlich ein Ende findet, läßt sich durch gute Werke stets nur ein zeitlich begrenztes Wohlbefinden erreichen. Der Wunsch dessen, der die Hinfälligkeit alles weltlichen Strebens erkannt hat, ist aber auf ewiges, überzeitliches Heil [Moksha, d. h. Erlösung von Karma und Samsara] gerichtet. Über die Mittel zur Gewinnung desselben bestehen zwei Theorien. Die meisten vishnuitischen und shivaitischen Sekten lehren, daß der Mensch aus eigenem Vermögen nicht imstande sei, sich aus dem Labyrinth des Samsara zu befreien. Nur die überirdische Kraft Gottes vermag die Fesseln zu lösen, die ihn an die Wandelwelt ketten. Die Hilfe Gottes kann nur durch gläubige Liebe und Ergebenheit (bhakti) zu ihm und vertrauensvolles Sichverlassen (prapatti) auf ihn gewonnen werden. Im einzelnen gehen die Ansichten der Theologen darüber auseinander, ob und in welchem Maße der Mensch an seinem Erlösungsprozeß mitwirken kann. Gleich den christlichen Vertretern des Synergismus lehren die sogenannten „Affenschulen", daß der Mensch an der Erlösung tätig mitarbeiten muß; nur wenn er sich an Gott klammert wie ein Äffchen, das den Hals seiner Mutter umschlingt, darf er hoffen, von ihm gerettet zu werden. Die „Katzenschulen" behaupten demgegenüber den Monergismus Gottes: So wie eine junge Katze, ohne selbst etwas zu tun, von ihrer Mutter von einem gefahrvollen Ort entfernt wird, indem diese sie im Maul fortträgt, so kann der Fromme sich das Heil nicht durch Liebe und Verehrung Gottes verdienen, sondern ist ganz und gar von der Gnade Gottes abhängig.
Die eigentlich philosophischen Schulen sind demgegenüber der Ansicht, daß der Mensch sich selbst erlösen könne. Die Erkenntnis des wahren Wesens der Welt setzt ihn nicht nur in den Stand, alle Leidenschaften zu tilgen, welche neues Karma hervorrufen, sondern auch das Karma aus früheren Existenzen, das bei ihm potentiell vorhanden, aber noch nicht in Wirksamkeit getreten ist, zu vernichten, denn „so wie das Feuer das Brennholz, so macht auch das Feuer des Wissens alle Werke zu Asche" (Bhagavadgîtâ 4, 37). Die Erkenntnis, welche aller Verblendung [Maya] ein Ende bereitet, wird von den verschiedenen Syste-

men ihrem speziellen Lehrstandpunkt entsprechend verschieden definiert: vom Vedânta als Erfassen der Einheit von Gott und Seele, vom Samkhya als Wissen um die Verschiedenheit von Seele und Materie, vom Nyâya-Vaisheshika als Kenntnis der Seinskategorien usw. Das Wissen darf kein theoretisches sein, sondern ist eine intuitive Innewerdung, die durch Studium heiliger Texte und unablässig geübte Meditation vorbereitet wird. Während manche Schulen annehmen, daß die Erlösung erst mit dem Tode eintritt, sind andere der Überzeugung, daß es auch Lebenderlöste gibt, die schon in ihrem irdischen Dasein die völlige Losgelöstheit von den Banden der Welt an sich verwirklichen. Der Zustand, den der Erlöste nach dem Tode erlangt, wird sehr verschieden beschrieben. Die meisten vishnuitischen und shivaitischen Sekten stellen ihn sich als ein verklärtes individuelles Fortleben in der Gegenwart Gottes in dessen überirdischer Heilswelt vor. [...]
Eine Welterlösung kennt der Hinduismus nicht. Da die Zahl der Lebewesen unendlich groß ist, wird das Rad des Samsara nie aufhören, sich zu drehen, mögen auch noch so viele Seelen das Heil erreichen.

Aus: Helmuth von Glasenapp, Die fünf Weltreligionen, a. a. O., S. 61-63.

Das Schicksal von Leib (Sharira) und Seele (atman)

Die Seele ist vom Leibe getrennt und trennbar. Die Seele ist reines *cit* [Bewußtsein], d. h. Erkenntnis ist der Stoff, aus dem die Seele ausstrahlt. Sie ist ein gesonderter Teil von der absoluten Erkenntnis, d. h. von Gott. Sie wurde niemals erschaffen noch kann sie je zerstört werden. Sie ist ewiges Sein, etwas völlig anderes als der grobstoffliche Leib, der aus fünf Elementen besteht, nämlich Erde, Wasser, Feuer, Luft und Äther, und sie ist auch verschieden von dem feinen Leib, der sich aus Vernunft, Intelligenz und Ich zusammensetzt. Seele und Leib sind nur durch Einwirkung der *mâyá* oder der täuschenden Macht Gottes oder des Nichtwissens eng verbunden. Gemeinschaft mit dem Leib ist das Erfahrungsleben der Seele (das endliche Selbst), in dem durch Erfahrung von Glück oder Leid die Seele sich in moralischen Wüsten erschöpft. Die Trennung des Selbst oder der Seele *(âtmân)* vom Leib, also der Tod, ist nicht das Ende des Selbst. In der *Gîtâ* heißt es: Der Leib ist das Kleid der Seele in ihrem Stadium von Selbstverlorenheit und Gottverlorenheit. Der Leib verändert sich, *âtmân* (die Seele) bleibt. Das Verhältnis ist folgendermaßen: Wie man alte und abgetragene Kleider wegwirft und neue anlegt, so gibt die Seele ihren alten und verfallenen Leib auf und zieht einen neuen Leib an. Der Zyklus von Geburten, d. h. das Anziehen eines neuen Leibes, und von Toden, d. h. das Abwerfen des alten, setzt sich fort, bis die Seele alle ihre guten und bösen Taten ausgeschöpft und das Nichtwissen oder die *mâyâ* überwunden hat – das Nichtwissen oder die Selbstverlorenheit, bewirkt durch den Einfluß der *mâyâ*, aus der das *karma* als Recht oder Unrecht sich entwickelt. Der stoffliche Leib und das geistige Quantum sind veränderlich, vergänglich und von ungeistigen Assoziationen abhängig. Wenn die ewige Seele sich aus dem Dienst Gottes löst, wird sie, da sie ihrer Natur nach ein unendlich kleiner und gesonderter Teil des Absoluten ist, von den Kräften der *mâyâ* überwältigt und so in die beiden stofflichen Leiber, den groben und den feinen, eingesperrt. Wenn eine solche Seele sich aus der Knechtschaft der Leibverbindung vorbehaltlos dem Dienst der höchsten Gottheit überantwortet, dann wird eine solche eingefangene Seele schließlich von den Fesseln des Leibes und des Verstandes befreit.

Aus: Die Antwort der Religionen. Eine Umfrage von Gerhard Szczesny. Antwort des Hindu B. H. Bon. Rowohlt Verlag, Reinbek 1971, S. 92.

Vishnu, Shiva, Shakti – Zum Bedeutungswandel der Götter

Wichtigste Quellen für unsere Kenntnis der klassischen hinduistischen Vorstellungen von den Göttern und ihrer Mythologie sind die großen volkstümlichen Epen Rāmāyaṇa und Mahābhārata und die Purāṇas. Die meisten vedischen Götter existieren zwar weiter, erleiden jedoch teilweise erhebliche Bedeutungseinbußen oder Funktionseinengungen. [...] Neue Götter treten in Erscheinung, so der bis heute überaus populäre elefantenköpfige Gaṇesha, der alle Hindernisse beseitigt, und der jugendliche Kriegsgott Skanda, dessen Geburt im Mahābhārata ausführlich geschildert wird. Beide gelten später als Söhne Shivas und seiner mächtigen Gemahlin, die unter verschiedenen Namen (Umā, Pārvatī, Kālī, Durgā, Devī) und Aspekten verehrt wird. [...]
Zu zentraler Bedeutung war in der theologischen Spekulation der spätvedischen Zeit der Gott Brahma gelangt. Auch in einigen Abschnitten des Mahābhārata erscheint er als den anderen Göttern übergeordnet, doch tritt er später wieder in den Hintergrund und scheint im Kult nie eine größere Rolle gespielt zu haben.
Zwei Götter dagegen gewinnen im klassischen Hinduismus allesüberragende Bedeutung: der schon im Rigveda als Gefährte Indras gelegentlich genannte Vishṇu und der aus dem vedischen Rudra hervorgegangene Shiva. Beide werden von ihren jeweiligen Anhängern als höchste Gottheit verehrt; die sich um sie entwickelnden religiös-philosophischen Systeme tragen ausgesprochen monotheistische Züge, wobei das für die indische Religiosität so bezeichnende Harmonisierungsstreben dazu führt, daß Vishṇu und Shiva miteinander identifiziert, der eine jeweils als untergeordnete Manifestation des anderen gesehen wird.
Unterhalb des Niveaus der philosophischen Spekulation, im Bereich der Mythologie und des Kults bestehen zwischen den beiden großen Göttern deutliche Unterschiede. An Vishṇu knüpft sich die Lehre von den Avatāras, das sind Inkarnationen des Gottes in tierischer, halbmenschlicher

VISHNU.

Vishnu ist die meistverehrte Gottheit des Hinduismus. Die Darstellung zeigt den weltbewahrenden Gott zwischen zwei Weltperioden im Meditationsschlaf auf der Weltenschlange Ananta ruhend und den vierköpfigen Schöpfergott Brahma auf einer Lotosblüte aus sich entlassend, damit dieser in seinem Auftrage eine neue Welt formen möge.

oder menschlicher Gestalt, die den Zweck haben, die Rechtsordnung (dharma) auf Erden vor den Übergriffen der Götterfeinde (asura) zu retten. Unter den in den Purāṇas gewöhnlich aufgezählten zehn Avatāras (Fisch, Schildkröte, Eber, Mannlöwe, Zwerg, Parashu-Rāma, Rāma Dāsharathi, Buddha und Kalki) ist der bedeutsamste derjenige Vishṇus als Krishna. [...]
Mit dem Vishṇu-Krishṇa-Kult gelangt ein der vedischen Religion noch fremdes, für den Hinduismus aber bis heute charakteristisches Element zum Tragen: das der Bhakti, d. h. der bedingungslosen, vertrauensvollen Hingabe des Gläubigen an den Gott mit dem Ziel der schließlichen erlösenden Einswerdung. Der Bhaktimārga („Weg der Hingabe an Gott"), der auch den mittellosen und ungebildeten Volksschichten offensteht, erscheint seit der Bhagavad-

3.3 Der eine Gott bzw. das eine göttliche Sein – Zum weiteren Verlauf der indischen Religionsgeschichte (Hinduistische Phase im engeren Sinn; ab 400 v. Chr.)

Zwei Linien kennzeichnen den weiteren Verlauf der indischen Religionsgeschichte, die beide schon im Veda entspringen, freilich nicht im älteren, sondern im jüngeren Veda: einerseits die Richtung auf den personal einen und absoluten Gott, und andererseits die Wendung zum neutral einen göttlichen Sein. Es ist kein Zweifel, daß auf das Ganze der indischen Religionsgeschichte gesehen die religiöse Einstellung auf das neutrale göttliche Sein dominiert, aber auch die monotheistische Linie ist niemals völlig verlorengegangen und tritt vor allem im Hinduismus mit seinen persönlichen Heilandgöttern und der liebevollen Hingabe an sie (bhakti) deutlich hervor.

Aus: Gustav Mensching, Allgemeine Religionsgeschichte. Quelle & Meyer, Heidelberg [2]1949, S. 29.

Zwei Wege zur Erlösung von Karma, Samsara und Maya

Das Zentraldogma aller indischen religiösen Systeme, mögen sie theistisch, pan-entheistisch, theopantistisch oder atheistisch sein, ist die Lehre vom Karma [dem nachwirkenden Tun] und von der Seelenwanderung [Samsara]; das Ziel jedes religiösen Menschen muß daher darauf gerichtet sein, sich durch gute Taten eine gute Wiederverkörperung zu sichern. Da aber jede, auch die glücklichste und langfristigste Existenz, wie die in einem Götterhimmel, schließlich ein Ende findet, läßt sich durch gute Werke stets nur ein zeitlich begrenztes Wohlbefinden erreichen. Der Wunsch dessen, der die Hinfälligkeit alles weltlichen Strebens erkannt hat, ist aber auf ewiges, überzeitliches Heil [Moksha, d. h. Erlösung von Karma und Samsara] gerichtet. Über die Mittel zur Gewinnung desselben bestehen zwei Theorien. Die meisten vishnuitischen und shivaitischen Sekten lehren, daß der Mensch aus eigenem Vermögen nicht imstande sei, sich aus dem Labyrinth des Samsara zu befreien. Nur die überirdische Kraft Gottes vermag die Fesseln zu lösen, die ihn an die Wandelwelt ketten. Die Hilfe Gottes kann nur durch gläubige Liebe und Ergebenheit (bhakti) zu ihm und vertrauensvolles Sichverlassen (prapatti) auf ihn gewonnen werden. Im einzelnen gehen die Ansichten der Theologen darüber auseinander, ob und in welchem Maße der Mensch an seinem Erlösungsprozeß mitwirken kann. Gleich den christlichen Vertretern des Synergismus lehren die sogenannten „Affenschulen“, daß der Mensch an der Erlösung tätig mitarbeiten muß; nur wenn er sich an Gott klammert wie ein Äffchen, das den Hals seiner Mutter umschlingt, darf er hoffen, von ihm gerettet zu werden. Die „Katzenschulen“ behaupten demgegenüber den Monergismus Gottes: So wie eine junge Katze, ohne selbst etwas zu tun, von ihrer Mutter von einem gefahrvollen Ort entfernt wird, indem diese sie im Maul forträgt, so kann der Fromme sich das Heil nicht durch Liebe und Verehrung Gottes verdienen, sondern ist ganz und gar von der Gnade Gottes abhängig.

Die eigentlich philosophischen Schulen sind demgegenüber der Ansicht, daß der Mensch sich selbst erlösen könne. Die Erkenntnis des wahren Wesens der Welt setzt ihn nicht nur in den Stand, alle Leidenschaften zu tilgen, welche neues Karma hervorrufen, sondern auch das Karma aus früheren Existenzen, das bei ihm potentiell vorhanden, aber noch nicht in Wirksamkeit getreten ist, zu vernichten, denn „so wie das Feuer das Brennholz, so macht auch das Feuer des Wissens alle Werke zu Asche“ (Bhagavadgîtâ 4, 37). Die Erkenntnis, welche aller Verblendung [Maya] ein Ende bereitet, wird von den verschiedenen Systemen ihrem speziellen Lehrstandpunkt entsprechend verschieden definiert: vom Vedânta als Erfassen der Einheit von Gott und Seele, vom Samkhya als Wissen um die Verschiedenheit von Seele und Materie, vom Nyâya-Vaisheshika als Kenntnis der Seinskategorien usw. Das Wissen darf kein theoretisches sein, sondern ist eine intuitive Innewerdung, die durch Studium heiliger Texte und unablässig geübte Meditation vorbereitet wird. Während manche Schulen annehmen, daß die Erlösung erst mit dem Tode eintritt, sind andere der Überzeugung, daß es auch Lebenderlöste gibt, die schon in ihrem irdischen Dasein die völlige Losgelöstheit von den Banden der Welt an sich verwirklichen. Der Zustand, den der Erlöste nach dem Tode erlangt, wird sehr verschieden beschrieben. Die meisten vishnuitischen und shivaitischen Sekten stellen ihn sich als ein verklärtes individuelles Fortleben in der Gegenwart Gottes in dessen überirdischer Heilswelt vor. [...]

Eine Welterlösung kennt der Hinduismus nicht. Da die Zahl der Lebewesen unendlich groß ist, wird das Rad des Samsara nie aufhören, sich zu drehen, mögen auch noch so viele Seelen das Heil erreichen.

Aus: Helmuth von Glasenapp, Die fünf Weltreligionen, a. a. O., S. 61-63.

Das Schicksal von Leib (Sharira) und Seele (atman)

Die Seele ist vom Leibe getrennt und trennbar. Die Seele ist reines *cit* [Bewußtsein], d. h. Erkenntnis ist der Stoff, aus dem die Seele ausstrahlt. Sie ist ein gesonderter Teil von der absoluten Erkenntnis, d. h. von Gott. Sie wurde niemals erschaffen noch kann sie je zerstört werden. Sie ist ewiges Sein, etwas völlig anderes als der grobstoffliche Leib, der aus fünf Elementen besteht, nämlich Erde, Wasser, Feuer, Luft und Äther, und sie ist auch verschieden von dem feinen Leib, der sich aus Vernunft, Intelligenz und Ich zusammensetzt. Seele und Leib sind nur durch Einwirkung der *mâyá* oder der täuschenden Macht Gottes oder des Nichtwissens eng verbunden. Gemeinschaft mit dem Leib ist das Erfahrungsleben der Seele (das endliche Selbst), in dem durch Erfahrung von Glück oder Leid die Seele sich in moralischen Wüsten erschöpft. Die Trennung des Selbst oder der Seele *(âtmân)* vom Leib, also der Tod, ist nicht das Ende des Selbst. In der *Gîtâ* heißt es: Der Leib ist das Kleid der Seele in ihrem Stadium von Selbstverlorenheit und Gottverlorenheit. Der Leib verändert sich, *âtmân* (die Seele) bleibt. Das Verhältnis ist folgendermaßen: Wie man alte und abgetragene Kleider wegwirft und neue anlegt, so gibt die Seele ihren alten und verfallenen Leib auf und zieht einen neuen Leib an. Der Zyklus von Geburten, d. h. das Anziehen eines neuen Leibes, und von Toden, d. h. das Abwerfen des alten, setzt sich fort, bis die Seele alle ihre guten und bösen Taten ausgeschöpft und das Nichtwissen oder die *mâyâ* überwunden hat – das Nichtwissen oder die Selbstverlorenheit, bewirkt durch den Einfluß der *mâyâ,* aus der das *karma* als Recht oder Unrecht sich entwickelt. Der stoffliche Leib und das geistige Quantum sind veränderlich, vergänglich und von ungeistigen Assoziationen abhängig. Wenn die ewige Seele sich aus dem Dienst Gottes löst, wird sie, da sie ihrer Natur nach ein unendlich kleiner und gesonderter Teil des Absoluten ist, von den Kräften der *mâyâ* überwältigt und so in die beiden stofflichen Leiber, den groben und den feinen, eingesperrt. Wenn eine solche Seele sich aus der Knechtschaft der Leibverbindung vorbehaltlos dem Dienst der höchsten Gottheit überantwortet, dann wird eine solche eingefangene Seele schließlich von den Fesseln des Leibes und des Verstandes befreit.

Aus: Die Antwort der Religionen. Eine Umfrage von Gerhard Szczesny. Antwort des Hindu B. H. Bon. Rowohlt Verlag, Reinbek 1971, S. 92.

Vishnu, Shiva, Shakti – Zum Bedeutungswandel der Götter

Wichtigste Quellen für unsere Kenntnis der klassischen hinduistischen Vorstellungen von den Göttern und ihrer Mythologie sind die großen volkstümlichen Epen Rāmāyaṇa und Mahābhārata und die Purāṇas. Die meisten vedischen Götter existieren zwar weiter, erleiden jedoch teilweise erhebliche Bedeutungseinbußen oder Funktionseinengungen. [...] Neue Götter treten in Erscheinung, so der bis heute überaus populäre elefantenköpfige Gaṇesha, der alle Hindernisse beseitigt, und der jugendliche Kriegsgott Skanda, dessen Geburt im Mahābhārata ausführlich geschildert wird. Beide gelten später als Söhne Shivas und seiner mächtigen Gemahlin, die unter verschiedenen Namen (Umā, Pārvatī, Kālī, Durgā, Devī) und Aspekten verehrt wird. [...]
Zu zentraler Bedeutung war in der theologischen Spekulation der spätvedischen Zeit der Gott Brahma gelangt. Auch in einigen Abschnitten des Mahābhārata erscheint er als den anderen Göttern übergeordnet, doch tritt er später wieder in den Hintergrund und scheint im Kult nie eine größere Rolle gespielt zu haben.
Zwei Götter dagegen gewinnen im klassischen Hinduismus allesüberragende Bedeutung: der schon im Rigveda als Gefährte Indras gelegentlich genannte Vishṇu und der aus dem vedischen Rudra hervorgegangene Shiva. Beide werden von ihren jeweiligen Anhängern als höchste Gottheit verehrt; die sich um sie entwickelnden religiös-philosophischen Systeme tragen ausgesprochen monotheistische Züge, wobei das für die indische Religiosität so bezeichnende Harmonisierungsstreben dazu führt, daß Vishṇu und Shiva miteinander identifiziert, der eine jeweils als untergeordnete Manifestation des anderen gesehen wird.
Unterhalb des Niveaus der philosophischen Spekulation, im Bereich der Mythologie und des Kults bestehen zwischen den beiden großen Göttern deutliche Unterschiede. An Vishṇu knüpft sich die Lehre von den Avatāras, das sind Inkarnationen des Gottes in tierischer, halbmenschlicher oder menschlicher Gestalt, die den Zweck haben, die Rechtsordnung (dharma) auf Erden vor den Übergriffen der Götterfeinde (asura) zu retten. Unter den in den Purāṇas gewöhnlich aufgezählten zehn Avatāras (Fisch, Schildkröte, Eber, Mannlöwe, Zwerg, Parashu-Rāma, Rāma Dāsharathi, Buddha und Kalki) ist der bedeutsamste derjenige Vishṇus als Krishṇa. [...]
Mit dem Vishṇu-Krishṇa-Kult gelangt ein der vedischen Religion noch fremdes, für den Hinduismus aber bis heute charakteristisches Element zum Tragen: das der Bhakti, d. h. der bedingungslosen, vertrauensvollen Hingabe des Gläubigen an den Gott mit dem Ziel der schließlichen erlösenden Einswerdung. Der Bhaktimārga („Weg der Hingabe an Gott"), der auch den mittellosen und ungebildeten Volksschichten offensteht, erscheint seit der Bhagavad-

VISHNU.

Vishnu ist die meistverehrte Gottheit des Hinduismus. Die Darstellung zeigt den weltbewahrenden Gott zwischen zwei Weltperioden im Meditationsschlaf auf der Weltenschlange Ananta ruhend und den vierköpfigen Schöpfergott Brahma auf einer Lotosblüte aus sich entlassend, damit dieser in seinem Auftrage eine neue Welt formen möge.

gītā als gleichwertiger oder sogar übergeordneter Weg zur Erlösung neben dem Karmamarga („Weg der – rituellen oder sonstigen verdienstlichen – Handlungen“) und dem Jñānamārga („Weg der Erkenntnis“). Das Bild des mittelalterlichen Vishnuismus wird stark von Bhakti-Dichtern, -Heiligen und Philosophen bestimmt. In der spätmittelalterlichen Zeit wird die Phantasie der mystischen Gottsucher von dem erotisch gefärbten Bild des mit Hirtinnen (gopī) tändelnden Krishṇa, vor allem seinen Beziehungen zu der als Gottesbraut verstandenen Rādhā stimuliert.

Im Gegensatz zum Viṣhṇuismus überwiegen im Shivaismus zunächst die düsteren Züge. Shiva ist wie schon sein Vorgänger Rudra ein unheimlicher Gott, den man wegen seiner verderbenbringenden Macht gnädig stimmen mußte. Innerhalb der sich im klassischen Hinduismus entwickelnden Götter-Trias, in der Brahma als Schöpfer und Vishṇu als Erhalter fungieren, spielt er die Rolle des Zerstörers (Tāṇḍava) –, und schon früh setzt man ihn mit Kāla, dem allesvernichtenden Gott der Zeit und des Todes, gleich. Er ist der Gott der aschebeschmierten Wanderasketen und der Prototyp eines Yogi. Die Glut, die sich in seiner Askese sammelt, wird gleichzeitig als gespeicherte sexuelle Potenz verstanden: Der zeugungskräftige Stier und der vielfach das Bild des Gottes vertretende Phallus (liṅga) sind seine Symbole.

Ebenso wie Vishṇu wird Shiva für seine Verehrer zu einem universellen Gott, der als Mahādeva („Großgott“) das Universum mitsamt dem übrigen hinduistischen Pantheon in sich begreift. Der Shivaismus erobert im Laufe des indischen Mittelalters weite Teile Indiens, vor allem den Süden, wo er sich gegen Buddhismus und Jainismus durchsetzt.

Aus: Heinz Bechert u. a., Einführung in die Indologie, a. a. O., S. 107 ff. (gekürzt).

Der Gestalt des Gottes Shiva mit seinen vielen Namen und Erscheinungsformen bringt ganz Indien eine tiefe Verehrung entgegen. Er verkörpert die unpersönlich sich ewig ändernde Lebenskraft, die in der Schöpfung waltet. Widerstreitende Züge sind in ihm lebendig, er ist gütig und zornig, lebensspendend und -vernichtend. Die in Südindien entstandene Darstellung des Naṭarâja, des „Königs des Tanzes“, ist Bild gewordene Shiva-Theologie. Der „selige Reigen“ des Gottes auf dem Tanzboden des Kosmos symbolisiert seine fünf Handlungen: Die Doppeltrommel setzt mit ihrem vibrierenden Klang die Schöpfung in Bewegung; die erhobene Hand in der Geste des Schutzes bewahrt sie vor Unheil; der Fuß auf der Dämonengestalt zerstreut die Verblendung; die auf die Zehenspitze weisende Hand gewährt Trost; der im Haupt des Feuergottes verkörperte Weltenbrand löst das Universum wieder auf. Aus den flatternden Asketenlocken strömt die alles befruchtende und reinigende Gaṅgâ. Der Flammenkranz symbolisiert den Kosmos in Bewegung.

- ▷ Welche Entwicklungen bringt die ab 400 v. Chr. einsetzende hinduistische Phase mit sich, die zur heutigen Ausprägung des Hinduismus führte?
- ▷ Erläutern Sie die zentralen hinduistischen Begriffe Karma, Samsara, Maya, Moksha und Bhakti.
- ▷ Wie wird der Zusammenhang von Leib und Seele gesehen? Wie ist das in anderen Religionen?
- ▷ Worin besteht der Bedeutungswandel der Götter?

Die Heilswege der Bhagavadgita: Pflichtgemäßes Tun, Brahman-Erkenntnis, Liebe zu Gott

Von allen Werken der einheimischen Literatur hat in Indien die *Bhagavadgītā* nach Tiefe und Zeitdauer wohl den größten Einfluß ausgeübt, der sich zudem bis in die Gegenwart hinein erstreckt. Ihrem Inhalt nach ist sie ein didaktisches Gedicht, das vorwiegend philosophische, vor allem ethische, und auch religiöse Gedanken enthält. Im Rahmen des *Mahābhārata* konstituiert sie die Kapitel 25 bis 42 des sechsten Buches. Das Werk besteht also aus 18 Kapiteln (Gesängen), wie denn auch das ganze Epos 18 Bücher aufweist. Eingeschaltet ist das Gedicht in den Zeitraum unmittelbar vor Beginn der entscheidenden Schlacht auf dem Kurufeld. Arjuna wird angesichts der ihm in der gegnerischen Linie gegenüberstehenden Verwandten, Freunde und Lehrer von Kleinmut befallen; es erscheint ihm – selbst für den Fall eines Sieges – sinnlos, gegen ihm so nahestehende Menschen Krieg zu führen. Unfähig und nicht gewillt, seine Verwandten zu töten, entspinnt sich mit seinem Wagenlenker (dieser ist Krishna als Inkarnation des Vishnu) ein Gespräch, in dem dieser die Bedenken des Arjuna zerstreut. Die *Bhagavadgītā* ist also in erster Linie ein Dokument des Vishnuismus. Die Erhabene (nämlich Vishnu) wendet sich an Arjuna, um ihm die Grundsätze pflichtgemäßen Handelns zu vermitteln.

Aus: Klaus Mylius, Geschichte des altindischen Literatur. Scherz Verlag, Bern u. a. 1988, S. 109.

Ohne auf die Fülle der religiösen Gedanken der Bhagavadgîtâ erschöpfend einzugehen, seien hier einige Heilsweg und Heilsziel kennzeichnende Worte wiedergegeben. Zuvor aber muß bemerkt werden, daß in diesen Worten eine Einstimmigkeit nicht zu erwarten ist, daß vielmehr gerade dann, wenn man etwa nach Heilsweg und Heilsziel in der Bhagavadgîtâ fragt, die verschiedenen Motive sichtbar werden, aus denen die Frömmigkeit der Bhagavadgîtâ sich geschichtlich bildete.

a) Der eine und höchste Gott ist Vishnu, der, absolut gesetzt in der Weise der für die Mystik charakteristischen „inklusiven Absolutheit", alle anderen Götter nicht aus- sondern einschließt:

„Wer mich überall sieht und alles in mir sieht, dem entschwinde ich nicht und der entschwindet mir nicht" (VI, 30).

„Wer auch immer irgendeine Person hingebungsvoll in Andacht zu verehren trachtet, dessen unwandelbaren Glauben verursache ich" (VII, 21). Und Arjuna bekennt im XI. Gesang, der die berühmte Theophanie des Vishnu schildert: *„Die Götter schau ich all in deinem Leibe" (XI, 15).*

Daß dieser persönliche Gott Vishnu nun nicht selten mit dem Brahman zusammenfließt, dafür nur einen Beleg:

„Die zu mir flüchten, strebend nach Erlösung von Alter und Tod, die kennen dieses Brahman ganz, das höchste Selbst, das ganze Werk" (VII, 29).

Dieses Wort ist besonders deshalb interessant, weil es zugleich die Unheilssituation, von der man erlöst werden will, mit den Worten „Alter und Tod" kennzeichnet. Es ist also hier wie überall in indischen Religionen das zu überwindende Unheil nicht etwa Sünde und Schuld, sondern das Gebanntsein in die individuelle Existenz.

b) Das Ziel bzw. die Ziele, die man erstrebt, sind in der Bhagavadgîta, wie zu erwarten, auch zwiefacher Art: einerseits ist es das „Zu-Vishnu-Kommen" und andererseits das Aufgehen im Brahman-Nirvâna:

„Wer mich verehrt, gelangt zu mir" (VII, 23).

„Der Fromme wird zum Brahman selbst und wird im Brahman ganz verwehn“ (V, 24).
Gelegentlich findet sich auch die ebenfalls für die Mystik so charakteristische Formel wechselseitigen Einsseins:
„Die liebend mich verehren, die sind in mir, in ihnen ich“ (IX, 29).
c) Die Wege zu diesen Zielen spiegeln noch einmal den ganzen Gang der indischen Religionsgeschichte wieder: Weg der Werke (karma-marga), Weg der Erkenntnis (jñāna-marga) und Weg der Liebe (bhakti-marga) finden sich unter starker Prävalenz des Weges der Glaubens- und Liebeshingabe nebeneinander:
„Bemühe nur dich um die Tat, doch niemals um Erfolg der Tat!
Nie sei Erfolg dir Grund des Tuns – doch meid' auch Tatenlosigkeit“ (II, 47).
„Wer die Sinne durch den Geist bezwingend sich ans Handeln macht
Mit seinen Tatorganen – doch nicht dran hängt –, der stehet hoch.
Vollbringe die notwend'ge Tat, denn Tun ist besser als Nichttun“ (III, 7.8).
Auf der anderen Seite steht die Forderung der Überwindung der Tat durch innere Begierdelosigkeit und reine Hingabe an Vishnu:
„Wer frei von Hang ist und erlöst, wem in Erkenntnis ruht der Geist,
indes er sich um Opfer müht, dem löst das Tun sich völlig auf“ (IV, 23).
„Besser als Opfer allen Gut's ist der Erkenntnis Opfer, Held!
Denn jede Tat, ganz lückenlos, in der Erkenntnis liegt sie drin“ (IV, 33).
Die höchste Form aber der Gottesbeziehung ist die Liebe zur Heilandgottheit:
„An mich denkend, mich verehrend, mir opfernd, huld'ge mir allein!
Gibst du in Andacht mir dich hin, dann gehst du einstmals ein zu mir“ (IX, 34).
Aus: Gustav Mensching, Allgemeine Religionsgeschichte. Quelle & Meyer, Heidelberg [2]1949, S. 39–40.

Hymnen an Shiva, den Herrn und Gott

Freund der Rede, Vedakenner,
Licht, Himmlischer, wenn ich
Das goldene Paar deiner schönen Füße
mit verehrenden Händen preise,
Wird mein Ruf „Heil dem Shiva!“,
und sollte selbst an zwei Steine gebunden
in das Meer man mich werfen,
sichere Rettung mir bringen.

Aus den 312 Hymnen des shivaitischen Heiligen Appar aus dem tamilischen Südindien (7. Jh.).
In: F. Otto Schrader, Der Hinduismus. Mohr Verlag, Tübingen [2]1930, S. 55

Herr, du bist selbst der Himmel und die Erde,
Luft, Wasser, Blume, Sandel, Nacht und Tag.
Du bist die Opfergabe auf dem Herde,
Bist Alles. Herr, wo ist, was ich dir opfern mag?
Kein „Ich“ ist und kein „Du“, kein „Der“ ist und kein „Das“,
Der Schöpfer ist allein, der selber sich vergaß.
Der Blinde hat den Sinn der Worte nicht gefunden,
Sobald er sehend wird, ist ihm die Welt entschwunden.

Aus einem Hymnus der shivaitischen Asketin Lalla aus Kashmir (14. Jh.). In: H. v. Glasenapp, Indische Geisteswelt, Bd. 1, a. a. O., S. 238.

Hymne auf Durga als göttliche Mutter

Wohin Mutter, auch dein Wille meinen Weg im Leben lenke,
Alles dienet mir zum besten, wenn ich immer dein gedenke,
Leben, Schmerz und Arbeit nehme ich als Lust mit Freuden an,
Wenn ich dich in meinem Innern, Wolkendunkle, sehen kann.
Ob ich mich mit Asche schmücke, ob ich von Juwelen blitze,
Ob am Fuß des Baums ich wohne, ob ich auf dem Throne sitze,
Mutter, für Kamalâkânta ist es gleich, wie du bestimmst,
Wenn du nur in seines Herzens Tempel deinen Wohnsitz nimmst.

Aus einem Lied des bengalischen Dichters Kama Lakanta Bhattacarya (18. Jh.). In H. v. Glasenapp, Indische Geisteswelt, Bd. 1, a. a. O., S. 253.

KĀLI DANCING ON SIVA.

Die Abbildung aus der indischen Mythologie zeigt die Göttin Kali auf ihrem Gemahl Shiva tanzend als Leben verschlingende und zerstörende Form der Göttin Durga, der in Bengalen und Nepal noch heute Tieropfer dargebracht werden. Gleichzeitig ist sie aber auch die gnädige, verzeihende und Erlösung gewährende Mutter- und Volksgöttin. (Vgl. S. 8 ff.) Als Gattin Shivas verkörpert sie gemeinsam mit ihm den ewigen Kreislauf von Werden und Vergehen und hat als solche besonders in den unteren Kasten Nordost- und Südindiens einen hohen Grad an Verbreitung und Verehrung erlangt.

▷ Erläutern Sie die Heilswege und Heilsziele der Bhagavadgita, des in Indien und außerhalb wohl meistgelesenen hinduistischen Buches.
▷ Vergleichen Sie die Hymnen an Shiva und Durga mit ähnlich aufgebauten Hymnen an Gott oder die Mutter Maria in christlichen Büchern.

Zum hinduistischen Tantrismus und Shaktismus

Tantrismus und Shaktismus sind zwei Richtungen innerhalb des Hinduismus, die eng miteinander verknüpft sind.

Die Grundlage des *Tantrismus* ist die Einheitsschau (Monismus) von Geist und Materie, Einzel- und Universalseele (Mikro-Makrokosmos) bzw. eigenem Selbst (Jiv-Atman) und universalem Wesen (Param-Atman). Alle Erscheinungsformen des Lebens sind miteinander verknüpfte Glieder eines ewigen Prozesses von Werden und Vergehen, in dem sich nur die Formen und Namen wandeln, das Absolute (Brahman) jedoch unwandelbar, form-, eigenschafts- und zeitlos als einzig Wahres existiert [...].

Das Hauptaugenmerk des tantrischen Kults liegt nicht auf der Askese, sondern betrachtet den Körper als Instrument zur Offenbarung übernatürlicher, kosmischer Kräfte. Magische, mystische, okkulte und orgiastische Riten führen zur Beherrschung übersinnlicher Mächte und letztlich zur Vereinigung mit dem transzendenten Absoluten. Alle Lebensformen, materieller, sexueller und geistiger Natur werden in die komplizierten Riten einbezogen, deren Grundlagen nur für die Eingeweihten durch Gurus übermittelt werden.

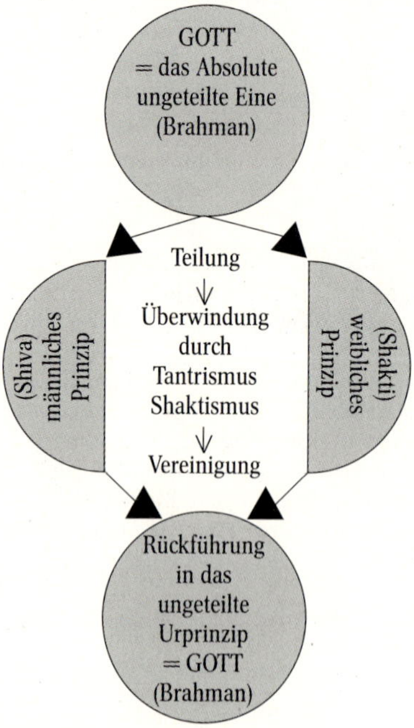

Yoga und geistige Konzentration gehen Hand in Hand mit einer *symbolträchtigen Gestensprache* zur Wachrufung übernatürlicher Potenzen. *Mudras* und *Nyasas* (symbolische Handstellungen und Berührung bestimmter Körperteile) werden begleitet von energiegeladenen, mystischen Keimsilben *(bijas)* und Formeln *(mantras)* deren bekannteste der Urlaut beim Ausatmen A-U-M (OM) ist, der das Absolute symbolisiert. Zur Meditation dienen auch abstrakte Symbole und *magische Diagramme (Yantras* und *Mandalas).*

Der *Shaktismus* ist eng mit dem tantrischen Kult verbunden und umgekehrt ist die Betonung der weiblichen Energie (Shakti) Gottes ein grundlegender Bestandteil des Tantrismus. Für die Shaktas ist in Anlehnung an den Kult der großen Muttergöttin und matriarchalischen Gesellschaftsordnung der Induskultur der Urgrund der Welt weiblich. Durga wird hier mit dem Absoluten (Brahman) gleichgesetzt, sie ist der kinetische Aspekt des Brahman, die Kraft (shakti), die die vielfältige Natur (prakriti) als Zauberwerk (maya) periodisch aus sich hervorbringt, erhält und letztlich wieder in ihren Schoß zurücknimmt. Shiva bildet als untätiger Geist (purusha) den statischen Aspekt des Brahman. Bei den Shaktas ist die Stellung der Frau eine sehr hohe, da sie als Ebenbild der großen Göttin (mahadevi) gilt.

Ein geheimes nächtliches Ritual (chakrapuja) ist für die Durgaanhänger bezeichnend: Bei der Andacht sitzen Angehörige aller Kasten im Kreise (chakra), genießen Wein und Fleisch und vollziehen rituellen Beischlaf. Gerade das Auskosten niederer Triebe soll zu deren Überwindung führen und den Weg zu einer höheren geistigen Ebene zur Vereinigung mit dem Absoluten öffnen.

Aus: Anneliese Keilhauer, Hinduismus. Verlag Indoculture, Stuttgart [3]1986, S. 152–155 (gekürzt).

Yantras und Mudras

Mudras (rechts) sind symbolhaltige Gesten, die z. B. bei rituellen Tänzen und Darbietungen Verwendung finden.
Yantras (unten) sind geometrische Wiedergaben göttlicher Energie in tantrischen Kulten. Der Punkt bedeutet die Ureinheit des Göttlichen, Dreiecke nach oben und unten die Vereinigung des männlichen und weiblichen Prinzips zur Hervorbringung der Erscheinungswelt, der Lotoskranz zeigt die geistige Wiedergeburt an. Die Meditation über die Verwobenheit der transzendenten und empirischen Welt soll zu höherer Vergeistigung und letztlich zur Vereinigung mit dem Absoluten führen.

Mantras

Mantras sind heilige Silben, wie *Hrîm, Krîm, Phat,* denen eine mystische Bedeutung beigelegt wird. Da das Absolute das ewige Wort *(Shabda)* ist, ist jeder Mantra etwas Göttliches, mit übernatürlichen Kräften Begabtes, eine Manifestation der Shakti, die den, der sie kennt, in den Stand setzt, transzendente Wirkungen hervorzurufen.

Aus: Glasenapp, Die Religionen Indiens, Kröner Verlag, Stuttgart 1943, S. 182.

Die Gayatri

Das gebräuchlichste aller hinduistischen Mantras ist die sogenannte Gayatri bzw. Savitri (Rigveda III, 62, 10), die jeder fromme Hindu bei Sonnenauf- und Sonnenuntergang rezitiert. Ursprünglich eine schlichte Bitte an die Sonne – im Indischen eine männliche Gottheit –, der Erde ihren Segen zu gewähren, wurde sie zur mystischen Formel für universale Macht und göttliches Wissen schlechthin und damit zum heiligsten Vers der hinduistischen Religion. Sie lautet (in vereinfacht transskribiertem Sanskrit):

„Om bhur bhuva(c)h sva(c)h tat savitur varenyam
bhargo devasya dhimahi dhiyo yo nah prachodayat."

Von den vielen möglichen Übersetzungen sei die von Friedrich Karl Geldner (in: Vedismus und Brahmanismus, ^{2}1928, S. 40) zitiert:
„Dieses wünschenswerte Licht des Gottes Savitar möchten wir empfangen, der unsere Gedanken anregen soll."

Text: Sigurd Körber

Das Yoga-System

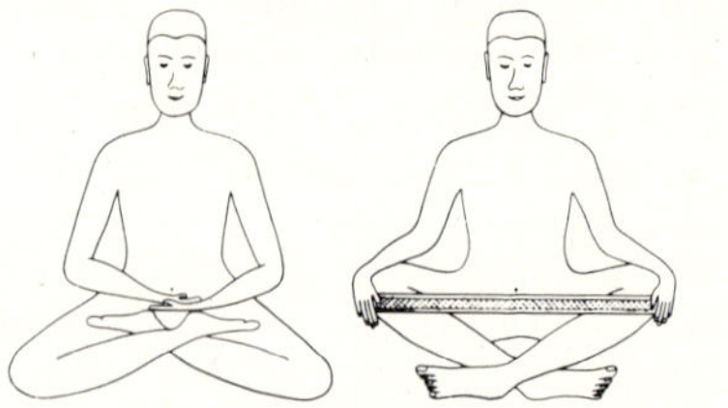

Auf Sanskrit entspricht unserem „Meditation“ am ehesten das Wort *dhyāna*. Als Fachausdruck der religiösen Praxis gehört es in den Bereich jener Versenkungstechnik, die man Yoga nennt. Yoga ist zu einem Oberbegriff geworden, der eine Vielzahl von Richtungen und Methoden zusammenfaßt. Als Wort bedeutet es „Anjochung, Anspannung, Vereinigung“, also eher einen Zustand als eine Methode. Es wurde jedoch zum Namen einer der Hauptrichtungen des Hinduismus; ihr Inhalt und Anliegen war die praktische Verwirklichung eines Erlösungsweges, dessen metaphysische Grundlage in der Schule der Sāmkhya-Philosophie dargelegt worden war. Damit wurde Yoga zu einem Begriff für religiöse Methodik, für jegliche Disziplin erlösungsorientierter Praxis.

Wenn man Yoga und Meditation *(dhyāna)* als Versenkungstechnik ansieht, dann ist damit ein Maßstab angelegt, der aus dem sogenannten klassischen Yogasystem abgeleitet ist. Der Grundtext dieses Systems sind die Yogasūtras. Sie werden Patañjali zugeschrieben. Über die Datierung läßt sich nichts Endgültiges sagen, weil die Zeit der Abfassung des Textes in der uns vorliegenden Gestalt wesentlich später sein kann als die Zeit, zu der die Inhalte des Textes ursprünglich gehören. Zweifellos hat schon zur Zeit Buddhas (5. bis 4. vorchr. Jh.) eine Lehrtradition zu Yogatechniken bestanden; die Yogasūtras (2. nachchr. Jh.?) fassen verschiedene Lehren und Meinungen zusammen und systematisieren sie.

Als einen solchen Systematisierungsversuch kann man die Zusammenstellung von acht Teilen, acht Gliedern einer Versenkungstechnik ansehen, die in den Yogasūtras enthalten ist.

Jeder einzelne und alle zusammen dienen dem Ziel, durch das Yoga definiert wird: „Das Unterdrücken der Funktionen des Geistes ist Vereinigung *(yoga)*“ (Yogasūtra 1,2). Die ersten beiden Teile dieses Yoga nennen Gebote und Observanzen *(yama, niyama)*; sie bestimmen die Lebensweise des Yogi: „Gewaltlosigkeit, Wahrhaftigkeit, Nichtstehlen, Enthaltsamkeit, Besitzlosigkeit“ und „Reinheit, Zufriedenheit, Askese, (Veda-)Rezitation, Gottergebenheit“. Nimmt man diese Gebote einmal wörtlich, dann wird sofort deutlich, daß sie nicht für das Leben in der Welt gelten, daß sie Fortbestand der Gesellschaft, Broterwerb oder Familiengründung nicht vorsehen. Dies sind keine Gebote für alle; es sind Gebote für Menschen auf der dritten und vierten Lebensstufe, d. h. für solche, die sich aus dem gesellschaftlichen Leben zurückgezogen haben, die sich ganz religiösen Praktiken (z. B. der Rezitation, den Übungen asketischer Selbsteinschränkung bei gleichzeitiger innerer Ausgeglichenheit und Wunschlosigkeit) widmen können oder die im Zustand völliger Besitzlosigkeit sich auf das Aufhören jeglicher körperlicher und psychisch-geistiger Aktivität einstellen, die im Rahmen des Glaubens an die unaufhebbare Wirkung aller Handlungen die Voraussetzung dafür ist, nicht mehr wiedergeboren werden zu müssen.

Der körperlichen Stillstellung dienen die beiden nächsten Teile, das Sitzen *(āsana)* und die Atemkontrolle *(prāṇāyāma)*. Das Sitzen soll nach den Yogasūtras lediglich bequem und unbeweglich-stabil sein; die Atemkontrolle dient dem letztendlichen Stillstand der Atemtätigkeit. Es dürfte einleuchten, daß das Unbeweglichmachen des Körpers der Unterdrückung der geistigen Tätigkeiten nicht nur vorausgeht, sondern sie auch begleiten muß.

Dem seelisch-geistigen Bereich sind die nächsten Teile der Yoga-Einübung gewidmet. Es folgt das „Zurückziehen“ *(pratyāhāra)*. An dieser Stelle ist der Zusammenhang des Yoga mit der Sāṃkhya-Philosophie am eindrücklichsten. Zurückgezogen werden die Sinnestätigkeiten; jeder der fünf Sinnestätigkeiten (neben den sogenannten Erkenntnissinnen kennt das System auch noch fünf sogenannte Tat-

sinne) ist ein Elementar-Bereich zugeordnet. Diese Zuordnung ist nicht nur funktional, insofern Sehen und Licht, Hören und Raum, Riechen und Wasser, Schmecken und Erde, Fühlen und Wind aufeinander bezogen sind; in der Sāṃkhya-Philosophie gilt der Zusammenhang auch für die Entstehung dieser Bereiche und Tätigkeiten.
Die Entstehung der Welt wird aus zwei voneinander ewig unabhängigen Prinzipien erklärt, einem Geistprinzip *(purusha,* d. h. „Mann, Person") und einem Materieprinzip *(prakriti,* wörtlich „Hervorbringung"). Aus der Urmaterie geht zuerst ein Seinsbereich hervor, der *buddhi,* d. h. Bewußtheit, Einsicht, genannt wird; dieser noch ganz subtile, unentfaltete Seinsbereich läßt das Individuationsprinzip *(ahaṃkāra)* aus sich hervorgehen. An seiner Stelle steht gelegentlich auch das Denken *(manas),* welches wenigstens nach den älteren Vorstellungen dieser Philosophie den Sinnen zu- und vorgeordnet ist. *Manas,* Denken, umfaßt auch die Funktionen dessen, was wir Psyche nennen. Aus den Sinnesfähigkeiten erst entstehen die entsprechenden Elemente, aus denen sich dann die ganze übrige Welt und ihre Dinge und Wesen zusammensetzen. Die Entstehung des materiellen Kosmos wird also beschrieben als ein Prozeß der Bewußtwerdung, die sich zur Materialisation verdichtet.
Auf diesem Hintergrund ist deutlich, daß das Zurückziehen der Sinne ursprünglich mehr als nur erkenntnishaften Charakter hatte; der Yogin strebt eine Umkehrung jenes Prozesses an, der die Welt hat entstehen lassen.
Die Übung des „Festhaltens" *(dhāraṇa)* des Denkens, seine Konzentration, bewirkt im psychischen Bereich, was Atemkontrolle und Sitzhaltung für den körperlichen Bereich bewirken, die Unterdrückung aller Funktionen. Wenn das Zurückziehen der Sinne die materielle Welt in ihren psychischen Ursprung zurückgeholt hat, dann führt der nächste Schritt auf die Ebene undifferenzierter Bewußtheit. Dieser Zustand wird *dhyāna,* Meditation, genannt.
In Fortführung der Parallelisierung von Yoga-Teilen und Sāṃkhya-Kosmogonie muß dann die letzte Stufe, die Versenkung *(samādhi),* als das Erreichen der völligen Ausgeglichenheit, des unentfalteten, untätigen Zustands der Urmaterie interpretiert werden. Nur in diesem Zustand des Materieprinzips sind die Voraussetzungen für die fälschliche Identifikation von Geist und Materie erloschen; der Geist besteht in seiner unberührten Einzigkeit und Isolation. Dieser Zustand (*kaivalya* genannt) wird vom Yogin angestrebt; dies ist sein Begriff von Erlösung, von der Lösung des Geistes aus der Welt und aus der Materie.
Was hier knapp beschrieben wurde, ist Yoga, d. h. Einüben von Vereinigung, in dem vermutlich ältesten Zusammenhang eines hinduistischen philosophischen Systems, dem Sāṃkhya. In der religionsgeschichtlichen Entwicklung hat dieser Zusammenhang sich nach und nach gelokkert; einzelne Elemente des Sāṃkhya-Yoga sind erhalten geblieben, andere haben sich selbständig gemacht, wieder andere sind durch neue ersetzt worden. Zu denen, die sich selbständig gemacht haben, gehört die Aufmerksamkeit, die dem körperlichen Bereich gewidmet wurde.
Im Westen wird vor allem Haṭha-Yoga verstanden, wenn Yoga gesagt wird – Körperhaltungen bis hin zu akrobatischer Gelenkigkeit, Atemkontrolle, Techniken zur innerlichen Reinigung der Organe (Spülungen usw.), und all dies mit einer unübersehbaren Ausrichtung auf die jeweiligen therapeutischen Wirkungen (die eine Übung gegen Rückenschmerzen, eine andere bei Verdauungsbeschwerden usw.). Dies hat in den Grundtexten des Haṭha-Yoga sein Vorbild, wo die körperliche Vervollkommnung in dem Wunsch nach Langlebigkeit, ja nach körperlicher Unsterblichkeit gipfelt.
[...] Daß es möglich ist, einzelne Übungen, die sich in der Yoga-Tradition entwickelt haben, herauszugreifen und um ihrer mechanischen Wirkungen willen anzuwenden, steht außer Frage. Daß dies heute auch in Indien geschieht, wo Yoga oft auch nur körperliches und seelisches Fitneß-Training ist, darf nicht vergessen lassen, daß Yoga auch auf höhere Ziele gerichtet sein kann und gerichtet war.

Aus: Peter Schreiner, Begegnung mit dem Hinduismus. Herder Verlag, Freiburg 1984, S. 48–53.

Shankaras Versuch, die Vielheit der Religion zu einer Einheit zusammenzufassen

Einen groß angelegten Versuch, die vielen nebeneinanderhergehenden religiösen Anschauungen und Kultformen zu einer letzten großen Einheit zusammenzufassen, unternahm der Brahmane Shankara (angeblich 788–820 n. Chr.) durch seine Neuinterpretation der Vedânta-Texte. Indem er die von den späteren buddhistischen Philosophen ausgearbeitete Lehre von der zweistufigen Wahrheit für sein System nutzbar machte, vertrat er die Anschauung, daß alle Glaubensformen für die Welt der Erscheinungen ihre Berechtigung haben, die höchste Wirklichkeit aber nur unvollkommen zu erfassen vermögen. Sie sind nur bedingte Teilaspekte der universellen höchsten Wahrheit, die selbst jenseits des vielheitlichen Scheins der Mâyâ (Weltillusion) steht und nur von dem Erkennenden in der meditativen Versenkung erfahren werden kann. Shankaras zweistöckiges Lehrgebäude verbindet somit einen akosmistischen Theopantismus, für den es nur ein höchstes, unpersönliches All-Eins gibt, mit dem Glauben an einen persönlichen Weltenherrn, der nur für den Bereich der Mâyâ Gültigkeit hat. Alle Lehren und Kulte sind Vorstufen für die Gewinnung der absoluten Wahrheit, die jenseits von Wort und Gedanke steht. Die Lehre Shankaras hat bei den meisten Hindus so großen Anklang gefunden, daß sie heute unter den philosophisch Gebildeten als die einflußreichste Ausdrucksform des orthodoxen Brahmanentums angesehen wird.

Aus: Helmuth von Glasenapp, Die fünf Weltreligionen. Diederichs Verlag, Düsseldorf/Köln [2]1967, S. 43/44.

Kernsprüche Shankaras und seiner vedantischen Schule

Was ist dein Sohn und das Weib deiner Liebe?
Wunderbar ist der Welten Getriebe!
Wessen bist du, woher kommst du des Weges?
Bruder, immer erneut überleg' es!

Jugendkraft, Reichtum und Dienerscharen,
Alles entreißt die Zeit mit den Jahren. –
Alles ist Schein – erst wenn du's verbannt hast,
Wirst du des Gottes, den du erkannt hast.

Nicht ist die Welt mit Gebirgen und Meeren,
Nicht sind die Götter, die wir verehren,
Nicht sind wir selbst und nicht sind die Dinge,
Darum den Gram des Lebens bezwinge!

Gott ist in dir und in mir und in allen.
Kannst du mir zürnen, kann ich dir mißfallen?
Finde das All in dir selber wieder,
Reiße die Schranken der Vielheit nieder!

Aus dem „Hammer der Torheit" (Moha-mudgara) in der Übersetzung von Otto von Glasenapp. Aus: Helmuth von Glasenapp, Der Stufenweg zum Göttlichen. Shankaras Philosophie der All-Einheit. Bühler Verlag, Baden-Baden 1948, S. 163 ff.

Der Jainismus (Dschainismus, Jinismus) – Eine indische Erlösungsreligion neben dem Hinduismus

Der Jainismus (oder Jinismus) geht auf das Reformwerk des Mahavira Vardhamana zurück, der um 480 oder um 370 vor Christus als Oberhaupt eines Ordens von Asketen starb. Zweiundvierzig Jahre zuvor hatte er die „vollkommene Erkenntnis" erlangt und wurde deshalb Mahavira („großer Held") oder Jina („Sieger") genannt.

Mahavira ist nicht eigentlich ein Religionsstifter, sondern der Reformator einer älteren Überlieferung: der Lehren von Parshva Natha (800 v. Chr.) und Nemi Natha (5000 v. Chr.?). Auf sie geht die Grundlehre des Jainismus zurück, die besagt, daß jegliche Verursachung von Leid vermieden werden muß und nichts verletzt werden darf. „Die innerste Wahrheit eines Weisen liegt darin, daß er kein Geschöpf verletzt: allen Geschöpfen gleichgesinnt sein und sie als das eigene Selbst betrachten, ist Ahimsa [Gewaltlosigkeit]. Erlerne diese edle Tugend."

Parshva Natha und Nemi Natha gehören zu den vierundzwanzig Oberhäuptern des Jainismus, die zwar keine Götter sind, aber wie Götter verehrt werden. Sie heißen Tirthankara. Ihre Standbilder werden – als Zeichen der Verehrung – mit Salbe eingerieben.

Mahavira, der vierundzwanzigste Tirthankara, wurde als Prinz erzogen; mit achtundzwanzig Jahren entschied er sich, asketisch zu leben, mit dreißig entsagte er der Welt. „Von nun an bis an mein Lebensende will ich allen Geschöpfen gleichgesinnt sein; ich will nicht sündigen, weder im Geist, noch im Wort, noch im Körper; noch will ich mich dazu durch irgend jemanden verleiten lassen und dergleichen auch nicht bei anderen billigen; ich bereue alle *Sünden*, die ich bis jetzt begangen habe und lasse von ihnen."

Zwölf Jahre lang vernachlässigte er seinen Körper, erduldete Schmerzen und wurde von zahlreichen *Teufeln* versucht. Dann gelobte er, daß er sein Fasten nur dann brechen werde, wenn eine versklavte Prinzessin mit kahlgeschorenem Kopf, gefesselten Füßen und von dreitägigem Fasten erschöpft, ihm weinend gekochte Hülsenfrüchte reiche...

Schließlich erreichte Mahavira das „absolute Wissen". Er bekehrte Priester, Prinzen und Königinnen. Um ihn herum entstand eine klosterartige Gemeinschaft aus Mönchen und Nonnen, die fünf Gelübde ablegten: Gewaltlosigkeit, Wahrhaftigkeit, nicht Stehlen, Unverhaftetsein und Keuschheit.

Im Alter von 72 Jahren starb Mahavira „und schied aus dieser Welt und entschwand nach oben, um niemals wiederzukehren. Er hat die Fesseln von Geburt, Hinfälligkeit und Tod zerrissen, und so wurde er vom Selbst erfüllt, er wurde erleuchtet und befreit, wurde frei von allem Karma [schicksalhaftes Tun als Frucht vergangener und Same zukünftiger Verkörperungen; er war geborgen in der letzten Befreiung und gefeit gegen alles Leiden."

Die Lehre von der Wiedergeburt ist auch für den Jainismus bedeutsam. Samsara ist der Kreislauf der Existenzen von der Geburt zum *Tod* und zu neuer Geburt. Vom Rad des Samsara zu befreien, ist das Versprechen aller indischen Erlösungsreligionen. Während das *Christentum* den Tod, der nur einmal erfahren wird, überwinden will, erlösen die Religionen Indiens vom wiederholten Tod und wiederholter Wiedergeburt. „Für Menschen, die auf den Gezeiten von Leben und Tod treiben, ist die Insel der *Religion* die beste Ausflucht, das beste Ziel und die beste Stütze... Derjenige, der diese Welt verläßt, ohne eine solche Religion ausgeübt zu haben, leidet im nächsten Leben an vielerlei Übeln und Gebrechen."

Der Grund des Leidens liegt in der Begierde. Das Leiden überwinden, heißt, alles Verhaftetsein in der Welt aufgeben. „Du sollst aller Vorliebe und allem Abscheu entsagen." Jeder ist selbst für sein *Glück* oder sein Unglück verantwortlich. „Das Selbst ist Erschaffer von Glück und Leid, und auch ihr Zerstörer. Das Selbst ist entweder Freund oder Feind, je nachdem, ob es Gutes oder Böses tut." Der Mensch kann das Göttliche erreichen. Denn Gott selbst ist in den Kräften der Seele anwesend.

Jainas unterwerfen sich folgenden grundlegenden Geboten: Sie dürfen kein Leben vorsätzlich zerstören (Strenggläubige tragen eine Maske vor dem Mund, um nicht zufällig kleine Insekten zu verschlucken), nicht lügen und kein fremdes Eigentum ohne Einwilligung des Besitzers benutzen; sie sind keusch, beschränken sich auf den Gebrauch derjenigen Güter, die lebensnotwendig sind, und nehmen nur solche Nahrung zu sich, die unnötiges Töten ausschließt. Strenge Jainas essen überhaupt kein Fleisch, aber auch keine Früchte, in denen Insekten sein könnten.
Alles Handeln soll frei von Gewalttätigkeit und Grausamkeit sein. Der Meinung des andern begegnet man mit Respekt, denn alle Urteile sind abhängig vom Standort, den einer einnimmt.
Heute gibt es etwa 2 Millionen Jainas. Da ihre Religion es ihnen verbietet, Ackerbau zu treiben, konnten sie als Kaufleute und Händler zu unverhältnismäßig großem Einfluß und Reichtum kommen. Mahatma Gandhi (1869–1948) hat zahlreiche Auffassungen der Jainas in sein Handeln und seine Philosophie aufgenommen.

Aus: Hartwig Weber, Jugendlexikon Religion. Rowohlt Taschenbuch Verlag, Reinbek 1986, S. 279 f.

Die Sikhs – Versuch der Verschmelzung von Hinduismus und Islam

Den Versuch einer Synthese zwischen Islam und Hinduismus wagte der aus der Gegend von Lahore stammende Nānak (1469–1538), der Gründer der bis heute im Panjab bestehenden religiösen Gemeinschaft der *Sikhs.* Seine streng monotheistische Lehre bekämpft Bilderdienst und Ritualismus, bewahrt aber so wesentliche Elemente des Hinduismus wie die Karma- und Saṃsāra-Lehre. Der aus den gesammelten Dichtungen Nānaks und seiner Nachfolger, der zehn Gurus, bestehende Ādigranth gilt den Sikhs als heilige Schrift, die sie als den Granth Sāhib („Herr Buch") in ihrem Haupttheiligtum, dem Goldenen Tempel von Amritsar, verehren.

Aus: Heinz Bechert u. a., Einführung in die Indologie, a. a. O., S. 110, 135 f.

Der Goldene Tempel von Amritsar (Nordwestindien): Das Hauptheiligtum der Sikhs.

III. Der ethische Beitrag des Hinduismus

1. Zur hinduistischen Individualethik

Texte aus der vedisch-brahmanischen Phase

Geben und Nehmen

Der Geizhals findet keinen, der sich seiner erbarmet.

Wer selbst Speise besitzt, aber gegen den Dürftigen, der um Brot bettelnd, ausgehungert kommt, sein Herz verhärtet, und doch früher sein Freund war, der findet erst recht keinen, der sich seiner erbarmet.

Nur der ist ein Wohltäter, der dem Bettler gibt, der abgezehrt kommt um Brot bittend. Er steht ihm zu Diensten, wenn er ihn unterwegs anruft, und erwirbt sich für künftige Zeiten einen Freund.

Der Vermögende soll dem in Not Geratenen schenken und den weiten Lebensweg berücksichtigen, denn die Reichtümer drehen sich wie Wagenräder und kommen immer wieder zu einem anderen.

Wer allein *ißt, ist* auch mit seinem Leid allein.
Rigveda 10,117,1–6 (gekürzt).

Umgang mit Feinden

Wer uns verflucht, so wir ihn nicht verfluchen, und wer uns verflucht, so wir ihn verfluchen, dem soll der Morgen und Abend alle Sünde aufladen. Welcher Sterbliche als Nebenbuhler oder Fremder uns bedroht, o Götter, von dem soll wie von einem verbrennenden Holz nichts übrig bleiben.
Taittiriyabrahmana 3,7,6,23.

Freundlich sollen uns Wasser und Pflanzen sein, feindlich sollen sie dem sein, der uns haßt und den wir hassen.
Vajasaneyisamhita 6,22.

Wer Blut vergießt, findet so viele Jahre lang nicht den Weg in die Väterwelt, als das Blut insgesamt Sandkörner bespritzt.
Tattiriyasamhita 2,6,10,2
Alle Texte in der Übersetzung von K. F. Geldner aus: Vedismus und Brahmanismus. I. C. B. Mohr Verlag, Tübingen [2]1928, S. 50–53.

▷ Vergleichen Sie die hier zum Ausdruck kommende Haltung zum Nächsten und zu Feinden mit entsprechenden Aussagen aus dem Alten Testament der Bibel.

Texte aus der späteren, hinduistischen Phase

Ethik im Rahmen der Lehre vom nachwirkenden Tun (Karma) und von der Wiedergeburt (Samsara)

So wie der Töpfer seinen Lehm
Zu mannigfacher Form gestaltet,
So schaffst du heute das Geschick,
Das sich in Zukunft erst entfaltet.

Gleichwie der Mime die Kostüme
Entsprechend seiner Rolle um sich legt,
So auch der Geist, gemäß der Frucht der Taten,
Bald diesen und bald jenen Körper trägt.

Zur Hölle fährt, wer Tiere quält,
Dort bleibt er so viel Jahre
Wie das mißhandelte Geschöpf
Am Körper zählte Haare.

Wie Termiten einen Berg
Nach und nach aufschichten.
So mußt du durch Tugendwerk
Einen Schatz errichten,
Der im Jenseits mit dir geht,
Schützend dir zur Seite steht.

Zitiert aus: Helmuth von Glasenapp, Das Spiel des Unendlichen. Gott, Welt und Mensch in der Dichtung der Hindus. Schwabe Verlag, Basel 1953, S. 101f.

Beispiel einer hinduistischen Gebotstafel

Enthaltung von Gewalt, Wahrhaftigkeit, Enthaltung von Diebstahl, Reinheit, Zügelung der Sinne, Geschenke (Mildtätigkeit), Selbstkontrolle, Mitleid, Geduld *(kṣānti)* sind für alle das Mittel, *dharma* [hier: das moralische Gesetz] zu erfüllen.

Yajnavalkya-Smriti 1,122. Übersetzung: Günther Dietz-Sontheimer, Die Ethik des Hinduismus, in: C. H. Ratschow (Hrsg.): Ethik der Religionen. Kohlhammer, Stuttgart 1980, S. 418.

Erlösungsstreben und Ethik

Überquere den Fluß, in dem die Krokodile von Lust und Gier sich tummeln, in dem das Fangnetz der fünf Sinne ausgelegt ist; indem du dir ein Boot aus Festigkeit machst, durchquere die Stromschnellen der Wiedergeburt.

Mahabharata, 3,198, 67. In: Peter Schreiner, Lebensweisheit aus Indien. Herder Verlag, Freiburg 1986, S. 76.

▷ Vergleichen Sie die hinduistische Gebotstafel mit den jüdisch-christlichen Zehn Geboten.

Die drei Ziele des weltlichen Lebens: Kâma, Artha, Dharma

Das Ziel, das nach der Anschauung der Hindus ein jedes Individuum in seinem Leben zu verwirklichen sucht, das allen seinen Handlungen als Motiv dient, ist die Erlangung einer größtmöglichen Glückseligkeit für sich selbst.

Das Streben nach Glückseligkeit äußert sich auf Erden in drei Formen, als Streben nach dem Angenehmen *(Kâma)*, dem Nützlichen *(Artha)* und dem Guten *(Dharma)*.

Das erste, zugleich aber auch am niedrigsten stehende Lebensziel des Menschen ist die Befriedigung des Lebensgenusses, des *Kâma*. „Kâma ist das Sichhingeben der fünf Sinne unter Leitung des mit der Seele verbundenen Denkorgans, an die ihnen entsprechenden Objekte." Im weitesten Sinne ist also Kâma jeder Sinnengenuß; im besonderen aber diejenige Art des Genusses, welche alle durch die fünf Sinne vermittelten Lustempfindungen in konzentrierter Form in sich vereinigt und deshalb als der Kâma schlechthin bezeichnet wird – der Liebesgenuß.

Der Liebesgenuß gilt dem Hindu gleich dem Essen als ein unbedingtes Erfordernis für das Gedeihen des Leibes; sein Fehlen führt gleich dem Hunger zu Kummer, Trübsal und Verzweiflung, wie man an dem Beispiel unglücklich Liebender erkennen kann.

Das zweite Lebensziel des Menschen ist das Streben nach dem Nützlichen *(Artha)*, d. h. nach dem Erwerb von Besitz, Vermögen, Freunden, Wissen und Macht. Entsprechend der Verschiedenheit der menschlichen Berufe ist die Zahl der Methoden, welche der Erlangung des Artha dienen, eine sehr große. [...] Die Krone aller Lehrbücher des Artha sind die Bücher der Lebensklugheit und der Politik.

Das dritte Lebensziel der Hindus, das die beiden ersten an Bedeutung weit überragt, ist der *Dharma*. Dharma ist das regulative Prinzip in der ganzen Welt, das ewige Gesetz, das sich in Natur und Sitte offenbart, das im sittlichen Bewußtsein lebt und das alle Handlungen im Universum regiert, von dem Unorganischen an über Pflanzen, Tiere und Menschen, bis hinauf zu den göttlichen Wesen. Dharma treibt das Feuer zu brennen, die Pflanzen zu wachsen, die Kuh Milch zu geben; Dharma bestimmt die mannigfaltige Betätigung des Menschen, sein Essen und Trinken sowohl wie sein Verhältnis zum Nächsten und zu den höheren Mächten, die über ihm sind. Dharma ist also objektiv das Gesetz, das alles regiert, das Recht, das alles beherrscht, und subjektiv die Pflicht, die man ausführen muß, um diesem Gesetz entsprechend zu handeln.

Der Dharma ist ewig und unendlich. Jedes endliche Wesen ist daher nur fähig, einen kleinen auf ihn Bezug habenden Teil des Dharma zu erfüllen. Daraus ergibt sich, daß der auf jedes Wesen Anwendung findende Teil des Dharma begrenzt sein muß. Allen Menschen gemeinsam sind gewisse Pflichten, wie das Nichtschädigen anderer Wesen, Wahrhaftigkeit, das Vermeiden unberechtigter Aneignung fremden Eigentums, Reinlichkeit und Beherrschung der Sinne. Viele Pflichten hingegen sind bei den einzelnen Völkern, Stämmen, Kasten und Berufen verschieden, verschieden auch die Pflichten, welche aus der besonderen Stellung eines Individuums sich ergeben. Ein König hat andere Pflichten als der Untertan, ein Vater andere als die Kinder.

Aus: Helmuth von Glasenapp, Der Hinduismus. Wolff Verlag, München 1922, S. 253–258 (gekürzt).

Kāma, Artha und Dharma zusammen bilden eine Dreiheit, die auch oft als die Dreiheit menschlicher Ziele schlechthin zusammengefaßt wird *(trivarga)* und die Summe von Glück und Erfolg eines Lebens umfaßt. Bezeichnenderweise fehlt dann das vierte Lebensziel, *moksha*, d. h. Erlösung, denn es steht ersichtlich nicht auf einer Ebene mit den anderen, auch wenn man sich bemüht hat, das Streben nach einem erfüllten Leben im Sinne der drei anderen Lebensziele als Vorbereitung und in gewissem Sinne Vorbedingung für das Erreichen von Erlösung hinzustellen.

Aus: Peter Schreiner (Hg.), Lebensweisheit aus Indien, a. a. O., S. 18 f.

Das über weltlicher Ethik stehende vierte Lebensziel: Moksha (Erlösung)

Jenes im absoluten Sinne reale, allerhöchste, ewige, wie der Äther alldurchdringende, aller Veränderlichkeit entrückte, allgenugsame, ungeteilte, seiner Natur nach sich selbst als Licht dienende (Sein), in welchem kein Gutes und kein Böses, keine Wirkung, keine Vergangenheit, Gegenwart oder Zukunft statthat, – dieses unkörperliche (Sein) heißt die Erlösung [Moksha].
Aber auch insofern ist die Erlösung durch kein Tun bedingt, als sie durch (moralische) Besserung nicht erreichbar ist. Denn alle Besserung geschieht an dem zu Bessernden durch Zulegung von Tugenden oder Ablegung von Fehlern. Durch Zulegung von Tugenden kommt Erlösung nicht zustande; denn sie besteht in der Identität mit dem keiner Zulegung von Vollkommenheit fähigen Brahman; und ebenso wenig durch Ablegung von Fehlern: denn das Brahman, in der Identität mit welchem die Erlösung besteht, ist ewig rein.

Kommentar Shankaras zu den Brahmasutren. Übersetzung: Paul Deussen, Das System des Vedanta. F. A. Brockhaus Verlag, Leipzig 1883, S. 433, 435.

Sannyasin in Mandu (Mittelindien) mit allem was er besitzt: Tuch gegen die Hitze, Topf für Essenspenden, Stock und Holzperlenkette.

▷ Erörtern Sie das Verhältnis von Kama, Artha, Dharma und Moksha.

Die vier Lebensstadien (Ashrama): Schüler (Brahmacariya), Hausvater (Grihastha), Einsiedler (Vanaprastha), Entsager bzw. Wanderasket (Sannyasin)

Mit den Lebensstadien sind die vier Stufen gemeint, die ein männlicher Angehöriger der oberen drei Stände durchlaufen soll. Nach der nicht mitgezählten Kindheit beginnt mit der Initiation (Umlegen der heiligen Schnur) die Zeit der Ausbildung bei einem Lehrer; man lernt die vedischen Texte und Riten, die man während des zukünftigen Lebens ständig rezitieren bzw. vollziehen soll. Das zweite Stadium ist das des Haushaltsvorstandes, des Familienvaters. Die Zeugung von Söhnen gilt als die wichtigste Pflicht jedes Mannes, denn nur ein Sohn vermag seinerseits beim Vater oder Lehrer die vedische Tradition zu erlernen und somit fortzusetzen; und nur ein Sohn ist zur Darreichung der Ahnenopfer berechtigt, die das jenseitige Wohlergehen der Verstorbenen sichern. Nach Abschluß des aktiven Lebens in der Welt soll man sich, evtl. zusammen mit seiner Frau, in die Einsamkeit der Wälder, außerhalb der Siedlungen, zurückziehen und sich in besonderem Maße den religiösen Praktiken widmen. Die letzte Stufe ist die des Entsagers. Man legt die heilige Schnur und damit alle Verpflichtungen gegen die Gesellschaft, gegen Ahnen und Götter ab; man stirbt symbolisch, rituell und für die Gesellschaft. Der Entsager ist im Idealfall der Erlöste, der Befreite, der jenseits der Ordnung von Kasten und Lebensstadien steht; zumindest verkörpert er das theoretische Ziel allen religiösen Strebens der Hindus, die Befreiung von allen weltlichen Banden.

Aus Peter Schreiner, Begegnung mit dem Hinduismus, a. a. O., S.21 f.

Der begrenzte Geltungsbereich der religiös-ethischen Vorschriften

Der Geltungsbereich der brahmanischen Vorschriften ist allerdings nicht so umfassend, wie es den Anschein hat. Die Einteilung in die vier Lebensstadien gilt nur für die oberen drei Kasten [s. S. 62], d. h. für jene, die als „Zweimalgeborene“ angesehen werden. Die „zweite Geburt“ besteht im Umlegen der heiligen Schnur; damit wird die Berechtigung zum Studium der Veden ausgedrückt; und nur Brahmanen, Kshatriyas und Vaishyas dürfen die Veden lesen, rezitieren, studieren. Die Shūdras, und erst recht die sogenannten Unberührbaren, sind davon ausgeschlossen.
Eine weitere wichtige Einschränkung besteht darin, daß die Vorschriften nur für Männer gelten. Frauen haben am Leben der Männer teil – als Töchter eines Vaters, als Schwester eines Bruders, als Gattin eines Ehemanns. Sie sind nie selbständig, haben keine eigenen religiösen Rechte, es sei denn als Partnerin des Mannes. Das Wohlergehen der Männer ist ihre oberste Pflicht – nicht nur das weltliche Wohlergehen, sondern auch das jenseitige. (Zu den religiösen Pflichten vor allem der Frauen gehören die sog. *vratas*, „Gelübde“, die vorwiegend ein Fasten für bestimmte Zeiten, Tempelbesuch, Almosen u. ä. vorsehen; die Frauen erhoffen, daß das erlangte religiöse Verdienst dem Wohlergehen von Ehemann oder Söhnen zugute kommt.) Eine verallgemeinernde Beschreibung der Riten, die einen Lebensverlauf begleiten sollen, trifft daher von vornherein für die Mehrzahl aller Hindus *nicht* oder nur indirekt zu; sie unterstellt, daß hinduistisch das sei, von dem die religiöse Elite der Brahmanen in längst vergangenen Zeiten *wollte*, daß es „hinduistisch“ sei.

Aus: Peter Schreiner, ebenda, S. 103 f.

Zur Stellung der Frau im Hinduismus siehe auch S. 75–77

2. Zur hinduistischen Kollektivethik

Die Hierarchie der Kasten und Kastenlosen

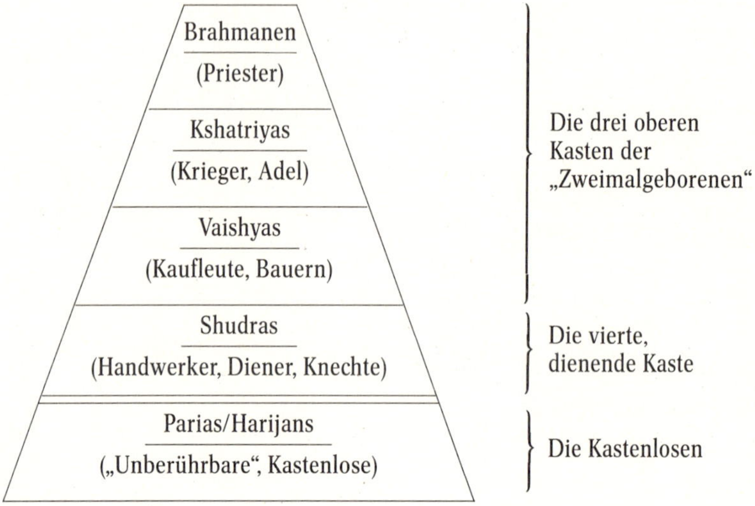

Die Pflichten der Kasten

Barmherzigkeit und Wohlwollen,
Kasteiungen und Wahrheitsstreben,
Treue und größte Reinlichkeit,
Die zieren des Brahmanen Leben.

Zerstören ist des Kriegers Pflicht,
Was er an Abgaben bekommen,
Das teilt er vedakundig aus
Zu Andrer Nutz und Frommen.

Viehzucht, Ackerbau und Handel
Eines Vaishya Gut vermehren,
Reich beschenkt er die Brahmanen,
Die im Veda ihn belehren.

Schlechten Wandels ist der Shûdra,
Jeder Dienst ihm angemessen.
Von dem Veda ausgeschlossen
Darf auch Unreines er essen.

Aus: Mahabharata 12,189,4–7. Zit. in der Übersetzung von Helmuth von Glasenapp, Das Spiel des Unendlichen, a. a. O., S. 103 f.

Besser die eig’ne Kastenpflicht
Nur schlecht und recht vollbringen
Als andrer Leute Kastenpflicht,
Mag dies auch gut gelingen.
An dem naturgebotnen Tun
Soll man Genüge finden,
Denn nur die angeborne Pflicht
Hält frei von Schuld und Sünden.

Aus: Bhagavadgita 18,47. Zit. nach H. v. Glasenapp, Das Spiel des Unendlichen, a. a. O., S. 104.

Die 7 klassischen Merkmale des Kastensystems

1. Die Kasten unterteilten die Gesellschaft in relativ autonome Untergruppen, die den einzelnen mit seiner Geburt für immer in sich aufnahmen.
2. Die Kasten waren hierarchisch zu einem System geordnet, das eindeutige Verhaltensmuster der Ein- und Unterordnung lieferte.
3. Die Kontakte zwischen Mitgliedern verschiedener Kasten waren beschränkt und reglementiert. Besonders festgelegte Normen galten für Eß- und Trinksitten, um die „Tischgemeinschaft" verschiedener Kasten zu ermöglichen oder auszuschließen.
4. Der hierarchischen Struktur entsprachen unterschiedliche religiöse und soziale Privilegien, Ge- und Verbote, die den jeweiligen Status der Kastenmitglieder fixierten und im täglichen Umgang verwirklichten.
5. Die Kastenzugehörigkeit bestimmte den Beruf; freie Berufswahl oder Berufswechsel waren ausgeschlossen.
6. Heiraten zwischen Mitgliedern verschiedener Kasten oder Unterkasten waren – bei Strafe der „Exkommunikation", was dem „sozialen Tod" auch der Eltern gleichkam – verboten.
7. Die Kastengruppen bekämpften sich nicht; sie kooperierten vielmehr und ergänzten einander in einem dichten Beziehungsgeflecht von Dienst- und Naturaltausch-Beziehungen.

Nach: G. S. Ghurye, aus: Detlef Kantowsky, Bilder und Briefe ..., a. a. O., S. 39 f.

Zur Problematik der Kastenhierarchie siehe S. 72–74 und 80

Gruppenmoral vor Individualethik

Mag der westliche Individualismus noch so große Möglichkeiten bieten – die Hindu-Gesellschaft entstand auf der Grundlage der Gruppenmoral. Natürlich gibt es keine absolute Ethik, die für alle sozialen Klassen gleichermaßen verbindlich ist, aber innerhalb einer jeden Klasse ist die Freiheit des Individuums immer den Interessen der Gruppe untergeordnet. Das Konzept der Pflicht steht über allem.

Das Ramayana-Epos zeigt, wie weit dieses Konzept geht. Nach seinem siegreichen Feldzug verstößt Rama seine Gattin Sita, obwohl er von ihrer vollkommenen Treue überzeugt ist. Im Epos spiegelt Rama das Prinzip des gesellschaftlichen Ethos, er willigt ein, seine Gattin zu verstoßen, weil unter den Leuten Gerüchte über sie die Runde machen. Wenn nämlich der König seine Frau wieder zu sich nähme, obwohl sie im Hause eines anderen gelebt hat – auch wenn dies in allem Anstand geschehen ist –, dann wäre die Moral des Volkes gefährdet. Andere könnten aus Liebe oder Voreingenommenheit ihre Frauen gleichermaßen rehabilitieren, auch wenn dies nicht gerechtfertigt wäre.

Die gesellschaftliche Ordnung zählt also mehr als das individuelle Glück, ob von Frau oder Mann. Hier liegt auch der Grund für die Tatsache, daß die arrangierte Ehe des Ostens einträchtiger ist als die selbstgewählte des Westens: Wo keine Täuschung ist, ist auch keine Enttäuschung. Und weil die Voraussetzungen, unter denen eine Hindu-Ehe eingegangen wird, sich nicht verändern, ist es auch logisch, daß sie unauflöslich sein sollte. Erst wenn die soziale Verpflichtung erfüllt ist, wenn die Schuld an die Gesellschaft abgetragen ist, kann der Hausherr die Rechte wie die Pflichten abtreten. So ist es auch logisch, daß bei einer kinderlosen Ehe eine zweite Frau genommen werden darf, mit der Zustimmung – und oft auch auf Wunsch – der ersten.

Aus: A. K. Coomaraswamy, Dharma. In: Dieter Riemenschneider (Hg.), Shiva tanzt. Das Indien-Lesebuch. Unionsverlag, Zürich 1987, S. 37.

▷ Welche Auswirkungen hat wohl die spezifisch hinduistische Gruppenmoral?

Sexualität in der Ehe

Wie wir denn als Ehepaar mit den Sinnenfreuden eigentlich umgingen, und warum wir noch keine Kinder hätten, das war ein auf Umwegen immer wieder angesteuertes Thema bei unseren Gesprächen im Dorf; nicht alle gingen darauf so direkt zu wie die jungen Frauen (als Töchter des Dorfes durften sie sich auch als Jungverheiratete „frei" bewegen und uns besuchen), die am 16. 2. 1966 bei uns auf der Terrasse waren:
Thema: Geburtenkontrolle. Ob wir denn nicht zusammen schliefen, warum wir aber keine Kinder haben? „Bache ka kam nahi hote?" (In dem Zusammenhang etwa: „Macht ihr keine Kinder?") Oder: „Bolte nahin?", d. h. ruft er dich nicht? (Also ist es offenbar tatsächlich wie beschrieben: die Männer rufen ihre Frauen heraus.)
Die Klammer in dem Protokoll verweist auf eine Schilderung, wie sie Taya Zinkin für das Haus von Ram Singh, eines ihrer Studenten aus dem südlichen Punjab, gab. Bei ihrem Besuch zeigte er seiner Lehrerin stolz den großen Innenhof des elterlichen Anwesens, aus dem Türen in die verschiedenen Wohn- und Wirtschaftsgebäude führten, darunter auch ein großes Zimmer für die Frauen und eines für die Männer. In einer Ecke des Hofes entdeckte sie dann noch ein kleines Zimmer, das kaum die Größe eines doppelten Khat [Bettes] hatte. Ram Singh erklärte ihr, daß dies der „Eheraum" sei und daß die Familienmitglieder sich über die Benutzung einigen müßten.
Ließ man ihn sich aber zu oft reservieren, würde das mißbilligt. Er als Jungverheirateter dürfe ihn im Monat höchstens fünf Mal beanspruchen.
Aus: Detlef Kantowsky, Bilder und Briefe aus einem indischen Dorf, a. a. O., S. 63 f.

Zur Geburtenkontrolle

Mahātma Gandhi, obwohl bestrebt, die Frauen vor allzu häufigen Schwangerschaften zu bewahren, meint, daß die Verwendung empfängnisverhütender Mittel die seelische und moralische Verfassung der Gesellschaft gefährde. Er möchte nicht, daß wir an der alten zerstörenden Methode der Fortpflanzung festhalten, indem wir zwölf Kinder zeugen, von denen nur ein halbes Dutzend am Leben bleibt. Für ihn ist das Gegenmittel gegen zu häufige Geburten die geschlechtliche Enthaltsamkeit. Der Gebrauch empfängnisverhütender Mittel setzt die Geschlechtlichkeit als Selbstzweck und sucht der Verantwortung, die mit ihr verbunden ist, zu entgehen. Wir dürfen geschlechtliche Befriedigung nicht als Selbstzweck betrachten. Durch die Verwendung empfängnisverhütender Mittel entwürdigen wir den Geschlechtsverkehr. Der Zweck der Fortpflanzung wird vereitelt, und das Vergnügen geschieht um seiner selbst willen.
Aus: Sarvepalli Radhakrishnan, Religion und Gesellschaft. Holle Verlag, Darmstadt u. Genf o. J., S. 213.
(Zu Gandhi siehe S. 69–71.)

Die Einwände gegen die Geburtenkontrolle ergeben sich aus ihrem Mißbrauch. Die Frauen, die die Unbequemlichkeiten der Schwangerschaft, Geburt und Kindererziehung vermeiden möchten, und die Männer, die der Verantwortung für ihre Taten entgehen möchten, nehmen Zuflucht zu ihr. Der Mißbrauch einer Sache hat nichts mit der zweckmäßigen Anwendung zu tun. Wenn die Geburtenkontrolle von solchen ausgeübt wird, die sich keine Kinder leisten können, dürfen wir sie nicht verurteilen. Die ärmeren Klassen möchten schon Kinder haben, aber sie möchten sie nicht in armen und bedrückenden Verhältnissen aufziehen. Das geeignete Heilmittel besteht darin, sie wirtschaftlich so auszustatten, daß sie ihre Kinder in einer angemessenen Umgebung ernähren können. Wir müssen die Umstände verbessern und nicht glauben, daß sie unveränderlich seien. Wir sind keine Tiere. Der Geschlechtsverkehr sollte in gegenseitigem Einverständnis der Partner als verantwortliche Wesen geregelt werden. Wenn die Bedürfnisse der Kinder Selbstbeherrschung erfordern, so soll man sie anwenden. Wenn Eltern fühlen, daß sie zur Bewahrung ihres gemeinsamen Glückes die Zukunft aufs Spiel setzen können, dann brauchen sie nicht gehindert zu werden, das Risiko auf sich zu nehmen. Wir leugnen nicht, daß die Beherrschung des Geschlechtstriebes besser ist als die Geburtenkontrolle; aber nicht alle Männer sind Heilige, auch wenn sie danach streben mögen, Heilige zu werden. Unter den gegenwärtigen Umständen und im Interesse der sozialen Wohlfahrt müssen die Erleichterungen für die Geburtenkontrolle besonders auch den ärmeren Klassen zugänglich gemacht werden.

Aus: Sarvepalli Radhakrishnan, ebenda, S. 215. (Radhakrishnan war Philosophieprofessor an der Benares Hindu Universität und von 1962 bis 1967 indischer Staatspräsident.)

Zur Abtreibung

Eine Frau kann nur einen Mann lieben.
Wenn eine Frau ihrem Mann untreu ist,
so ist das eine Sünde, die so viel wiegt
wie das Töten eines Fötus,
und wird sie unglücklich machen.

Aus: Mahabharata 1,113,15 f.

Das wichtigste Ziel der Heirat ist, einen Sohn zu bekommen; für die Frau begründet dies Existenzberechtigung und Anerkennung, für den Mann Erfüllung einer religiösen Pflicht. Die Freude über die Geburt eines Sohnes, die Verlegenheit bis Betroffenheit über die Geburt einer Tochter haben also religiöse wie soziale und wirtschaftliche Gründe. Mehrere Töchter verheiraten zu müssen bedeutet angesichts des Brauchs der Mitgift wirtschaftlichen Ruin. Und eine Tochter darf nicht die Totenriten ausführen, die das Wohlergehen der Ahnen und die Kontinuität der Familie garantieren. Die Stellung der Frau mag am ehesten ein Hinweis auf die in jüngster Zeit zunehmende Zahl von Morden an jungverheirateten Frauen illustrieren, deren Männer mit der Mitgift nicht zufrieden waren, und auf die Diskussion, die um die Legalität der pränatalen Geschlechtsbestimmung durch Fruchtwasseruntersuchung entbrannt ist; da Abtreibung in Indien (nicht nach den Normen des Hinduismus!) legal ist, befürchtet man eine starke Zunahme von Abtreibungen weiblicher Kinder.

Aus: Peter Schreiner: Das richtige Verhalten des Menschen im Hinduismus. In: Peter Antes u. a.: Ethik in nichtchristlichen Kulturen. Kohlhammer Verlag, Stuttgart 1984, S. 106 f.

Zur Stellung der Frau im Hinduismus siehe auch S. 75–77

Verbrechen, Strafe und Sühne

„Jedes Geschöpf regieret die Strafe,
Unbehütet lässet sie keins.
Über ihm wacht sie, ob es auch schlafe,
Straf' und Gesetz, spricht der Weise, sind eins.

Strafte der König für Missetaten
Nicht den Strafbaren, der sie getan,
Wie einen Fisch am Spieße braten
Würde der Starke den Schwächeren dann.

Alle beherrscht die Strafe auf Erden,
Reine Menschen findet man kaum.
Nur durch die Furcht vor der Strafe werden
Welten und Wesen gehalten im Zaun.

Götter, Dämonen und himmlische Chöre,
Unholde, Vögel, der Schlangen Heer,
Wenn sich die Furcht vor der Strafe verlöre,
Alle erfüllten die Pflichten nicht mehr."

Aus dem Gesetz des Manu (7,18, 20–23), zitiert nach: Helmuth von Glasenapp, Der Hinduismus, a. a. O., S. 258 ff.

Zur Einstellung des Hinduismus zu Natur und Umwelt

Der Hinduismus erkennt keinen grundsätzlichen Unterschied zwischen den Menschen und den Tieren und Pflanzen an. Alle Lebewesen sind mit einer Seele *(jīva)* begabt, und diese Seele ist letztlich göttlich. Auch im Hinduismus ist der Mensch die „Krone der Schöpfung" insofern, als nur ein Mensch mit der Intelligenz und dem moralischen und spirituellen Bewußtsein ausgestattet ist, durch die er die Erlösung oder Befreiung erreichen kann. Ein Tier oder ein Baum können nicht erlöst werden. Die ihnen innewohnende Seele muß zunächst von den niedrigen Formen des Lebens zu den höheren Formen wandern, um schließlich in einen Menschenkörper inkarniert zu werden. [...]

Der heutige Hinduismus kennt sowohl die sehr verinnerlichte Spiritualität der Upanishaden, wie auch die Symbolisierung und Sakralisierung der Natur und des Kosmos, die mit den Vedas anfing. So kennen gerade die einfachen Menschen in ihrem religiösen Alltag heilige Zeiten, heilige Bäume und Steine, heilige Flüsse, heilige Berge und eine Vielzahl heiliger Orte. Grundsätzlich steht alles der Sakralisierung offen.

Dieser selektiven Heiligung der Natur folgt jedoch selten eine Bewahrung der Natur und der Umwelt aus religiöser Ehrfurcht. Es gehört zu den Schwächen des modernen Hinduismus, daß er noch keine Antwort auf das Problem der Umweltzerstörung formuliert hat. Der Schritt von Heiligung und formal-ritueller Verehrung zu einer aktiven und umsichtigen Bewahrung ist nicht ohne weiteres in der Struktur des Hinduismus angelegt. Es ist jedenfalls ein Schritt, der heute noch kaum vollzogen wird.

Nennen wir nur ein Beispiel: Die Wälder Indiens schrumpfen rapide, nicht weil die

Bäume durch sauren Regen absterben, sondern einmal, weil sie der Gier und Rücksichtslosigkeit großer Holzunternehmer, die oft illegal vorgehen, zum Opfer fallen, sodann allgemein, weil bei einer rapide wachsenden Bevölkerung der Bedarf an Holz ebenso rasch wächst. Vor zehn Jahren machte die Chipko-Bewegung in der Umgebung von Dehra Dun Schlagzeilen bis in deutsche Tageszeitungen hinein. Die Menschen in den Dörfern wandten sich vereint gegen die Holzfäller-Kolonnen der Großunternehmer: Sie umfaßten die Bäume, die zum Fällen bestimmt waren, und erlaubten es den Holzfällern nicht, an sie heranzukommen. Die Bewegung hatte letzten Endes geringen Erfolg. Das Bewußtsein, daß die Wälder geschützt werden müssen, daß Aufforstung eine dringliche Aufgabe ist, entspricht - wo es besteht - weniger der religiösen Naturverehrung als den deutlich sich anbahnenden ökologischen Katastrophen und den Prognosen der Wissenschaftler; kurz, es entstammt dem modernen ökologischen Verantwortungsgefühl, das sich zunächst im Westen entwickelt hat.

Aus: Martin Kämpchen: Der Hinduismus angesichts der Weltprobleme. Schutz des Friedens und der Umwelt, in Heinz Althaus (Hrsg.): Christentum, Islam und Hinduismus vor den großen Weltproblemen. Telos Verlag, Altenberge 1988, S. 97–99.

Zur Haltung des Hinduismus zu Weltproblemen

Wie im Reflex antwortet der Hinduismus auf Weltprobleme, etwa auf den Terrorismus, mit einer Wendung nach innen. Im Innern des Menschen haben die Konflikte und Probleme, die äußerlich sichtbar sind, ihren tieferen Ursprung - und nur vom Innern des Menschen her könnens sie echt und bleibend gelöst (fast möchte man sagen „erlöst") werden. Diese Innenwendung ist Ausdruck einer spezifisch indischen, sich in den indischen Religionen manifestierenden Weltanschauung und Lebensweise. Problemlösungen im Hinduismus sind nur auf dem Hintergrund dieser Weltanschauung und Lebensweise denkbar.

Wir nähern uns der Erfassung dieser indischen Weltanschauung und Lebensweise, wenn wir uns zunächst bewußt werden, daß unsere Fragestellung, wie sich der Hinduismus angesichts der *Welt*probleme verhält, bereits europäisch-akademisch ist. Schärfer formuliert: Es ist für den Hindu keine eigentliche religiöse Fragestellung. Das Wort für „Welt" ist *samsāra,* oft auch mit „Ozean der Welt" wiedergegeben; diese „Welt" ist, verglichen mit der absoluten Wirklichkeit Gottes, unwirklich, vergänglich, sie ist trügerisch in ihren Behauptungen und vorgegebenen Werten. Wie leicht kann man, ihren Täuschungen anheimfallend, in diesem Ozean „ertrinken"! Das einzig Notwendige, sagt der Hindu, ist, diesen Ozean der Welt zu überqueren, um an das „andere Ufer" zu kommen, an das Ufer der Unsterblichkeit. In einer solchen „Welt", die unwirklich ist, kann es keine wirklichen Probleme geben. Das eine Problem, das es zu lösen gilt, ist, dieser „Welt" zu entkommen, das heißt, Methoden zu entdecken, mit denen man schon während dieses Lebens (in dem man notgedrungen in der „Welt" ist und von ihr umgeben ist) so existiert, als lebe man nicht in der „Welt", sondern im Absoluten. Das ist das eigentliche Problem, und die für uns sehr realen Weltprobleme wie Gerechtigkeit unter den Menschen, Schutz der Natur, Wahrung des Friedens, soziale und wirtschaftliche Entwicklung werden im Hinduismus im Licht dieses Hauptproblems erfaßt.

Aus: Martin Kämpchen: Der Hinduismus angesichts der Weltprobleme. Schutz des Friedens und der Umwelt, a. a. O., S. 81f.

Radhakrishnan: Über Gewalt und Gewaltlosigkeit, Krieg und Frieden

Die heiligen Schriften der Hindus halten ahiṁsā oder Gewaltlosigkeit für die höchste Tugend. Ahiṁsā ist das Sich-Enthalten von hiṁsā oder Gewalt, der Ursache von Qual oder Leiden bei empfindsamen Geschöpfen, Menschen oder Tieren. Wir können jedoch nicht behaupten, daß die Hinduschriften von uns den vollständigen Verzicht auf Gewalt verlangen. Die Hinduauffassung hält nicht hartnäckig an einem hochgespannten Ideal fest und verwirft nicht jeden Kompromiß mit ihm. Das Göttliche kann uns nicht in der Loslösung vom Gemeinschaftsleben begegnen. Die handgreiflichen Forderungen jeder besonderen Lage werden geprüft, und das Prinzip wird ihr angepaßt. Ein Ideal in den Wolken unterscheidet sich von einem praktisch verwendbaren Programm. Unberechtigte Machtanwendung ist Gewalt. Als die Einsiedler von den nichtarischen Stämmen beunruhigt wurden, litten sie, ohne Vergeltung zu üben; sie erwarteten jedoch, daß die Kshatriyas sie vor den Angriffen der Fremden beschützen würden. Im *Rig-Veda* heißt es: „Ich spanne den Bogen Rudras zur Vernichtung aller derer, die Brahmanen heimsuchen. Ich kämpfe für den Schutz des Reinen und ich durchdringe Himmel und Erde." Während man von uns verlangt, physisches Übel mit der Kraft des Geistes zu überwinden, ist auch körperlicher Widerstand gegen das Böse erlaubt. Obwohl allenthalben Gewicht auf die seelischen Kräfte zur Überwindung des Feindes gelegt wird, wird die Zuflucht zur Gewalt nicht ausgeschlossen. Mögen auch Asketen und Einsiedler, die sich vor der Welt zurückgezogen haben und sich deshalb nicht mehr unmittelbar mit dem Wohl organisierter Gesellschaften zu befassen brauchen, auf Waffen zur Verteidigung von Einzelpersonen oder Gruppen verzichten, die Bürger sind verpflichtet, dem Angriff mit bewaffneter Hand entgegenzutreten, wenn es notwendig und möglich ist. [...]
Das Gegenteil der Liebe ist Haß, nicht Gewalt. Es gibt Gelegenheiten, wo die Liebe sich der Gewalt bedienen wird. Liebe ist nicht einfach Sentimentalität. Sie kann Gewalt anwenden, um das Böse in Schranken zu halten und das Gute zu schützen. [...]
Gewaltlosigkeit ist keine physische Verfassung, sondern eine Geisteshaltung, geboren aus Liebe. Gewaltlosigkeit als geistiger Zustand unterscheidet sich von Widerstandslosigkeit. Sie bedeutet Absage an Bosheit und Haß. Bisweilen fordert der Geist der Liebe tatsächlich Widerstand gegen das Böse. Wir kämpfen, sind aber zugleich von innerem Frieden erfüllt. Wir sollen das Böse ausrotten, ohne selbst böse zu werden. Wenn das Glück der Menschen das höchste Gut ist, so sind Frieden und Krieg nur insoweit gut, als sie ihm dienen. Wir dürfen nicht sagen, Gewalt sei an sich schlecht. Die Gewalt der Polizei hat den sozialen Frieden im Auge. Ihr Ziel ist die Verhinderung der Gesetzlosigkeit. Zerstörung ist nicht in jedem Fall der Sinn des Kampfes. Wenn sein Zweck dem Glück der Menschheit dient, wenn dabei die Persönlichkeit geachtet wird, dann ist Krieg erlaubt. [...]
In einer unvollkommenen Welt, in der die Menschen keine Heiligen sind, ist Gewalt unvermeidbar, wenn das Leben in Gang gehalten werden soll.
Hiṁsā, Gewalt, ist verschieden von daṇḍa, Bestrafung. Erstere fügt einer unschuldigen Person Unrecht zu; letztere beschränkt sich legal auf den Schuldigen.

Aus: Sarvepalli Radhakrishnan, Religion und Gesellschaft. Holle Verlag, Darmstadt u. Genf o.J., S. 227–230.

IV. Aktuelle Ausformungen, Ausstrahlungen, Probleme

1. Mahatma Gandhis Erneuerung der hinduistischen Tugenden Ahimsa (Gewaltlosigkeit) und Satyagraha (Wahrhaftigkeit)

Kurzer Lebenslauf Mahatma Gandhis (1869–1948)

Gandhi stammte aus Gujarat (Nordwest-Indien); seine Vorfahren standen im Dienste der regionalen Fürsten. Schon mit 13 Jahren wurde er mit einem gleichaltrigen Mädchen verheiratet. In London wurde Gandhi zum Rechtsanwalt ausgebildet. Da ein Verlassen Indiens traditionellerweise nicht erlaubt war, forderten Angehörige seiner Kaste nach seiner Rückkehr den Ausschluß aus der Kastengemeinschaft.

Im Dienste einer Firma ging Gandhi als junger Rechtsanwalt nach Südafrika. Hier entwickelte er im Kampf um politische und soziale Rechte der Inder Gewaltlosigkeit zu einem politischen Kampfmittel; politische Aktivitäten und Experimente mit seinem persönlichen Lebensstil (Vegetarismus, Enthaltsamkeit, wirtschaftliche Autarkie, Formen des Zusammenlebens) gingen dabei Hand in Hand. Er selbst nannte diese Experimente „Experimente mit der Wahrheit" (so der Titel seiner Autobiographie).

Nach der Rückkehr nach Indien machte er sich das Anliegen des „National Congress" zu eigen, führte mit Generalstreiks, Aufkündigung der Zusammenarbeit mit der englischen Kolonial-Regierung in allen Bereichen und zivilem Ungehorsam (öffentliche Zuwiderhandlung gegen Gesetze, die als ungerecht empfunden wurden, wie z. B. Besteuerung des Salzes) Mittel in die politische Auseinandersetzung ein, die die Unterstützung der Masse der Bevölkerung fanden.

Niemand konnte ihm persönliche und moralische Integrität absprechen; er führte ein öffentliches Leben und ließ alle an seinen Entscheidungen, seinen Experimenten und Lernprozessen teilnehmen. Der moralische Druck, den er durch seine Fastenaktionen ausübte, war beträchtlich und – im Rahmen der jeweiligen politischen Anliegen – erfolgreich. Damit schien der Grundgedanke seiner Strategie des „Festhaltens an der Wahrheit" *(satyāgraha)* bewiesen: Freiwilliges Leiden aus einer Haltung tiefster Überzeugung und Hingabe an ein für „wahr" gehaltenes Anliegen heraus verhilft diesem Anliegen schneller und nachhaltiger zum Sieg als die Anwendung von Gewalt gegen den Gegner. Die Gewalttaten zwischen Hindus und Moslems bei der Teilung des Landes konnte Gandhi nicht verhindern, und er selbst wurde Opfer einer Gewalttat. Ein Anhänger einer fanatischen hinduistischen Gruppe ermordete ihn am 30. Januar 1948.

Daß Gandhi als Hindu anzusehen ist, steht trotz der für ihn todbringenden inner-hinduistischen Gegnerschaft außer Frage. Er selbst hat sich mehrfach und ausdrücklich dazu bekannt. Trotzdem teilt er mit vielen anderen Vertretern des modernen Hinduismus, daß er eine westliche Erziehung genoß und von christlichem Gedankengut beeinflußt wurde.

Aus: Peter Schreiner, Begegnung mit dem Hinduismus, a. a. O., S. 18 f.

Ahimsa – Gewaltlosigkeit, die aktive Kraft der Schwachen

Aussprüche Gandhis zu Gewalt und Gewaltlosigkeit

„Wenn Blut vergossen wird, so laßt es euer Blut sein. Bemüht euch um die ruhige Entschlossenheit, zu sterben, ohne zu töten. Denn der Mensch lebt frei nur infolge seiner Bereitschaft, nötigenfalls von der Hand seines Bruders zu sterben, nie aber um ihn zu töten. … Liebe verbrennt nicht andere, sie verbrennt sich eher selbst und leidet fröhlichen Angesichts bis in den Tod."

„Es ist kein Zeichen von Stärke, sondern von Schwäche, unter dem schäbigsten Vorwand zum Revolver zu greifen. Gegenseitige Faustschläge erziehen nicht zu Gewalt, sondern zur Verweichlichung. Meine Methode des passiven Widerstandes kann nie zum Verlust der Stärke führen, sie allein macht es vielmehr möglich, wenn die Nation dazu entschlossen ist, disziplinierte und konzentrierte Gewalt in Zeiten der Gefahr einzusetzen."

„Meine Gewaltlosigkeit erlaubt nicht, vor der Gefahr davonzulaufen und teuere Angehörige schutzlos zurückzulassen. Bei der Wahl zwischen Gewalt und feiger Flucht kann ich mich nur für die Gewalt entscheiden. Ich kann Gewaltlosigkeit ebenso wenig einem Feigen predigen, wie ich versuchen kann, einen blinden Mann mit schönen Schauspielen zu erfreuen. Gewaltlosigkeit ist die höchste Stufe der Tapferkeit. Nach meiner Erfahrung ist es mir nicht schwer gefallen, Männern, die in der Schule der Gewalt erzogen wurden, die Überlegenheit der Gewaltlosigkeit zu beweisen. Als Feigling, der ich vor Jahren war, trug ich Gewalt im Herzen. Gewaltlosigkeit begann ich erst zu rühmen, als ich anfing, die Feigheit abzulegen."

„Gewaltlosigkeit kann niemand gelehrt werden, der den Tod fürchtet und keine Widerstandskraft besitzt. Eine hilflose Maus übt keinen passiven Widerstand, weil sie immer von der Katze gefressen wird. Wie gern würde sie die Mörderin verspeisen, wenn sie könnte, so aber versucht sie jederzeit, ihr zu entfliehen. Wir nennen sie nicht feig, weil sie von der Natur zu ihrem Verhalten bestimmt ist und nicht anders kann. Aber ein Mensch, der sich im Angesicht der Gefahr wie eine Maus verhält, wird mit Recht ein Feigling genannt. Er hegt Gewalt und Haß in seinem Herzen und schlüge seinen Feind tot, wenn er es ohne eigene Gefahr tun könnte. Ihm ist die Idee der Gewaltlosigkeit fremd. Alles Predigen darüber wird bei ihm vergebens sein. Tapferkeit ist seinem Wesen fremd. Ehe er Gewaltlosigkeit verstehen kann, muß er gelehrt werden, für seine Sache einzustehen und womöglich dafür zu sterben, wenn er versucht, sich gegen den Angreifer zu verteidigen, der ihn niederzuschlagen droht. Alles andere hieße, seine Feigheit stärken und ihn weiterhin von der Gewaltlosigkeit fernhalten. Wie ich tatsächlich keinem helfen darf, wenn er Vergeltung übt, so darf ich keinem Feigling erlauben, sich hinter der sogenannten Gewaltlosigkeit zu verschanzen."

Mahatma Gandhi, zitiert nach Sarvepalli Radhakrishnan, Religion und Gesellschaft, a.a.O., S. 262–268 (gekürzt).

▷ Vergleichen Sie die Aussprüche Gandhis zur Gewaltlosigkeit mit den Ausführungen Radhakrishnans auf S. 68.

Satyagraha-Festhalten an der Wahrheit

In einem allerdings ist Gandhi „hinduistischer“ als die meisten Vertreter eines modernen Hinduismus. Indem er die „Wahrheit“ zu seinem obersten Prinzip machte, betonte er einen Begriff und eine Denkweise, die seit ältester Zeit die indische Religiosität bestimmte. „Wahrheit“ bedeutet hier nicht nur die Richtigkeit einer Aussage; Wahrheit ist *die* wirklichkeitsgestaltende, die wirkkräftige Macht überhaupt. Dieser Wahrheitsbegriff mag uns fremd sein – als Gandhi ihn der hinduistischen Öffentlichkeit mit seinem Programm des Satyāgraha, des „Festhaltens an der Wahrheit“, anbot, dürften die meisten gewußt und erkannt haben, was ihn bewegte. Die Berufung auf die Wahrheit (und das schließt den Einklang mit Kosmos und Natur, mit Gerechtigkeit und Ehrlichkeit ein) setzt die Kraft dieser Wahrheit frei. Gandhi war überzeugt, daß „es“ wirkte, wenn er ganz alleine ein Fasten für ein bestimmtes Anliegen unternahm. Und es wirkte!

Aus: Peter Schreiner, Begegnung mit dem Hinduismus, a. a. O., S. 25.

Gandhis Leistung

Gandhi scheiterte in vielen Bereichen: beim Alkoholverbot, dem Debakel um die Ältestenräte, der Dezentralisierung der exekutiven Gewalt, der freiwilligen Auflösung der Kongreß-Partei, der handwerklich orientierten Erziehung, der Unabhängigkeit eines *ungeteilten,* einigen Indiens, der Verständigung zwischen Hindus und Moslems und dem Verzicht der indischen Regierung auf Gewalt (zumindest in internationalen Angelegenheiten). Er errang zwar Erfolge gegenüber den Engländern, scheiterte aber an den Indern selbst. Dieselben Leute, die ihm die Gefolgschaft versagten – als Souverän war dies ihr gutes Recht –, hatten nichts dagegen, sein Prestige auszunutzen, um ihre höchst „ungandhischen“ Zielsetzungen voranzutreiben. Es wäre scheinheilig, zu behaupten, der Geist Gandhis habe entscheidenden Einfluß auf Indien in der Zeit nach Gandhi gehabt.

Gandhi scheiterte, weil er die menschliche Natur falsch einschätzte. Er war in dem Sinne Utopist, als er an die Existenz einer Tugend im menschlichen Wesen glaubte, die Utopien möglich machen würde. Die „angeborene Güte“ des Menschen ist in der Geschichte immer wieder als Mythos entlarvt worden. Hoffnung, die nicht durch Erfahrung gestützt wird, kann vielleicht für den Tag nützen, ist aber historisch sinnlos. Macht korrumpiert – dies wird den Tatsachen schon eher gerecht. Keine soziale oder politische Organisation ist denkbar, ohne daß irgendwo Macht eingesetzt wird. Gandhi war sich dieser Tatsache bewußt und trat deshalb beharrlich für eine möglichst weitgehende Dezentralisierung der Macht ein. Aber Macht kann organisatorisch und theoretisch noch so dezentrali siert sein, sie wird in bestimmten Händen auch unter diesen Bedingungen immer wieder verantwortungslos ausgeübt und mißbraucht. Auch die Behauptung, *Satyagraha* (passiver Widerstand) und Gewaltlosigkeit rühre das Herz jedes Gegners, entspricht keineswegs den Tatsachen, denn es gibt immer wieder Gegner, die kein Herz haben, an das zu rühren wäre. Sogar Gandhi scheint das Wünschenswerte mit dem Machbaren verwechselt zu haben.

Aber im Falle Gandhis wäre es falsch, diesem Versagen irgendwelche Bedeutung zuzumessen. Es ist überhaupt falsch, ein Wirken unter dem Gesichtspunkt von Erfolg oder Mißerfolg zu beurteilen. Das mag für andere von Bewandtnis sein, nicht aber für die Hindus und noch weniger für Gandhi, der ein sehr guter Hindu war. Als Mensch, der an die Werte der Bhagavadgita glaubte, hatte er sich nicht darum zu kümmern, welche Früchte seine Taten brachten. Versagen konnte ihn genausowenig schrecken, wie ihn Erfolg erfreute.

N. Subrahmanian in: Dieter Riemenschneider, Shiva tanzt. Das Indien-Lesebuch. Unionsverlag, Zürich ^{2}1987, S. 96 f.

2. Das Kastensystem als Quelle sozialer und rassischer Diskriminierungen *(Zum Kastensystem siehe auch S. 62 f.)*

Religiös bestimmte soziale und rassische Schranken

Berührbar – unberührbar, rein – unrein, hell – dunkel: Diese Dichotomien [Zweiteilungen] durchziehen das Alltagsdenken des Hindu in einem für uns nicht einmal annäherungsweise vorstellbaren Maße. *Varna* heißt schließlich nicht nur „Kaste", sondern auch „Farbe"; und *Varnashankar* ist die „hybride Mischung" und „Konfusion", die dadurch entsteht, daß die Grenzen des eigenen *Varnashram,* der Kaste zu der man gehört, unzulässigerweise überschritten werden. Je heller, desto reiner, arischer, vornehmer und hübscher also. *Safed,* weiß, hellhäutig ist die Vorbedingung für hübsches Aussehen; erst wenn eine Frau *safed* ist, kann sie auch *bahut sundar,* sehr hübsch genannt werden. Die Spielzeuge der Moderne haben diesem Weltbild eine besonders wirkungsvolle Ausdrucksform verschafft:
6. 3. 1983 – Wir besuchen ein Photostudio. Mich beeindruckten die vielen künstlichen Photos. „Die Leute hier mögen keine natürlichen Bilder", wird mir bedeutet. Es kommt dann ein ausnehmend dunkler junger Mann, um seine beiden abzuholen: Darauf sieht er aus wie ein Gespenst, ist nicht zu erkennen. Wäre er ein Weißer, würde man ihm Sommerfrische verordnen. Was bedeutet das? Wenn die Leute ihr eigenes Gesicht, ihre Gesichts- und Hautfarbe nicht annehmen?

Aus: Detlef Kantowsky, Bilder und Briefe aus einem indischen Dorf, a. a. O., S. 152 f.

Die Tatsache, daß die Brahmanen (als der traditionelle Priesterstand) die Norm verkörpern, nach der sozialer Rang bewertet wird, macht deutlich, daß es sich tatsächlich um eine religiös bestimmte Gesellschaftsordnung handelt, die man zu Recht als Hierarchie („Herrschaft der Heiligen") bezeichnet. Der alles überragende Maßstab, der die jeweilige Stellung in der Hierarchie bestimmt, ist die *„Reinheit".*
Mit Reinheit ist eine religiös-rituelle Eigenschaft gemeint, welche die Brahmanen auszeichnet und Voraussetzung für die Ausübung ihrer Mittlerdienste bei Opfer und Gottesdienst ist. Reinheit ist aber auch Grundlage für die Beurteilung körperlicher Funktionen, sie wirkt sich in gesellschaftlichen Verhaltensformen und Sanktionen aus.
Wie die Reinheitsbestimmungen die soziale Stellung festigen, zeigt sich in der Behandlung der „Unberührbaren", die z. B. kein Wasser aus Dorfbrunnen schöpfen dürfen, weil das Wasser durch sie verunreinigt würde. So sind sie täglich darauf angewiesen, daß ihnen ein höher Gestellter gnädig den Wassereimer füllt. Die Angehörigen der untersten Kasten müssen auf den Dorfwegen ausweichen, wenn ein Brahmane kommt. Es kommt heute noch, trotz gesetzlicher Gleichstellung, vor, daß Kinder der unteren Kasten in der Dorfschule nicht mit den Brahmanenkindern im gleichen Raum sitzen dürfen und deshalb, wenn sie nicht ohnehin durch ihre Arbeit zum Lebensunterhalt der Familie beitragen müssen, vor der Tür hocken.
Der Führungsanspruch der Brahmanen und die Funktion von Begriffen wie „Reinheit" und „Unreinheit" in Lebensbereichen, die damit nur noch im übertragenen Sinne zu tun haben, kennzeichnen das Kastensystem als Ideologie, als ein Wertesystem, dessen Geltungsanspruch mit dem Geltungsbereich sozialer Normen zusammenfällt. Die beiden Verhaltensformen der Kommensalität (Tischgemeinschaft nur mit Angehörigen derselben Kaste) und Endogamie (Heirat nur unter Angehörigen derselben Kaste) können als Ausdruck für das Bestreben angesehen werden, die verunreinigenden Einflüsse, die von sozial niedriger stehenden Kasten ausgehen, auszuschließen.

Aus: Peter Schreiner, Begegnung mit dem Hinduismus, a. a. O., S. 75 f.

Versuche, das Kastensystem abzuschaffen

Ebenso alt wie das Kastensystem sind auch die Versuche, es abzuschaffen. Swami Vivekananda schrieb: „Das Kastensystem widerspricht der Auffassung des Vedanta. Kaste ist eine soziale Konvention, und alle großen Prediger versuchten sie aufzuheben.“ Seit den Upanishaden verurteilten die Philosophen das System. Buddha predigte vor 2500 Jahren dagegen. Ununterbrochen gab es Bewegungen großer Neuerer wie Kabir und Chaitanya zur Besserstellung der untersten Kasten und der Unberührbaren. Das 19. Jahrhundert erlebte vier Bestrebungen zur Abschaffung des Kastenwesens. [...]

Die Engländer brachten eine Umwälzung durch die Einführung des *Indian Penal Code* im Jahre 1860. Er bestimmte, daß jeder Mensch vor dem Gesetz gleich sei, und daß das Urteil über ein Vergehen weder durch die Kaste des Täters noch des Opfers beeinflußt werden dürfe.

Eine wesentliche Entwicklung im 20. Jahrhundert war die allmähliche Annäherung zwischen den Unterkasten *(Jati)* und die verringerte Bedeutung ritueller Verunreinigung. Höhere Schulbildung, Anstellungen in der Regierung und Verstädterung ließen Barrieren zwischen den Unterkasten schwinden. Die Nationale Bewegung Gandhis setzte sich ebenfalls für die Abschaffung der Kastenschranken ein, und seine Kampagne gegen die Unberührbarkeit führte zu einer Abschwächung der Zwangsvorstellungen über Reinheit und Unreinheit.

Historikern und Soziologen fällt auf, daß keine organisierte Bewegung zur Abschaffung der Kastennachteile von den unteren Kasten und den Harijans, den Kastenlosen, selbst ausgeht. Narmadeshvar Prasad argumentiert, daß es nicht zum Aufstand gekommen sei, weil die unteren Kasten so vom Mythos der Heiligkeit und Unfehlbarkeit der Brahmanen indoktriniert worden seien, daß sie sich kritiklos fügten. Srinivas nimmt ähnlich Stellung. Für ihn ist die Schicksalsdoktrin des Karmas und der Seelenwanderung der Grund für die Ergebenheit der Benachteiligten. Sie akzeptierten ihr Los nicht nur, sondern fühlten sich daran schuldig, weil es die Folge ihrer Taten in einem früheren Leben sei. Srinivas führt aber auch weltliche Gründe an. Abgesehen von der Indoktrination der niedrigen Kasten, kann die Oberschicht ihre Machtstellung behaupten, weil sie in früheren Zeiten das Land besaß und weil sie heute über die Vorteile einer modernen Ausbildung verfügt.

[...] Alle diese Argumente sind zutreffend. Ausschlaggebend aber ist, daß die Menschen der untersten Schichten absolut nicht organisiert sind. Sie sind aufgesplittert in kleinste Kastenuntergruppen, und jedes Individuum, jedes Grüppchen sogar, fühlt die soziale Diskrimination als persönliche, ganz private Demütigung.

Weisen wir noch auf einen anderen Wandel hin, der im zwanzigsten Jahrhundert stattfand: Mahatma Gandhi löste nicht nur eine Bewegung gegen die Unberührbarkeit, sondern gegen das Kastensystem an sich aus. Sein Fasten von 1932 zur Verhinderung separater Wahlkreise für die Unberührbaren ist ein Markstein in der Geschichte des indischen Kastenwesens. In zahlreichen Universitäten gelobten die Studenten, in ihren privaten Beziehungen die Kastenhierarchie nicht zu beachten.

Schließlich erklärte die indische Verfassung von 1950 die Gleichheit aller Bürger und stellte Diskriminierung wegen Kastenzugehörigkeit unter Strafe. Sie hob auch die Unberührbarkeit auf und machte sie 1955 ebenfalls gesetzlich strafbar. Zuletzt räumte 1956 der *Hindu Marriage Act* die legalen Hindernisse von Heiraten zwischen verschiedenen Kasten aus dem Weg.

Aus: B. Kuppuswamy, Das Kastensystem in: D. Riemenschneider (Hg.), Shiva tanzt, a.a.O., S. 74 ff. (gekürzt).

▷ Das Kastensystem scheint aus einer Mischung von religiösen, gesellschaftspolitischen und rassischen Momenten entstanden zu sein. Versuchen Sie diese verschiedenen Momente nachzuweisen.

Krieg der Kasten

Indien gelingt es nicht, die sozialen Spannungen zu entschärfen

Delhi, im Oktober 1990

Für Regierungschef Vishwanath Pratap Singh ist es eine Frage der sozialen Gerechtigkeit, für die Einflußreichen in Indien hingegen geht es um die Macht. Der Kastenkrieg, der seit zwei Wochen den Norden des Landes ins Chaos gestürzt hat, ist nur vordergründig ein Kampf um die begehrten Stellen im öffentlichen Dienst und um die raren Studienplätze auf Colleges und Universitäten. In Wahrheit geht es um eine Umwälzung des bisherigen Gesellschaftssystems in Indien. Der in seinem Idealismus recht realitätsfern wirkende Premier hofft, seinem Volk die Revolution per Gesetz von oben verordnen zu können. Doch lassen sich Gleichheit und Gerechtigkeit per Quote herstellen?

Singhs Ankündigung, er werde künftig zusätzlich zu den schon bestehenden Quoten von 22,5 Prozent für kastenlose Unberührbare und Angehörige der Ureinwohnerstämme des Subkontinents weitere 27 Prozent für die sogenannten „anderen rückständigen Klassen", *the other backward classes* oder *obcs,* reservieren, hat Indien die schlimmsten Unruhen seit der Ermordung Indira Gandhis 1984 beschert. Mehr als sechzig Menschen sind bisher getötet worden, Tausende wurden zum Teil schwer verletzt. Mindestens fünfzehn hochkastige Studenten haben aus Protest gegen einen Kommissionsbericht, auf den sich Singh stützt, Selbstmord begangen. Über mehrere Städte wurde eine Ausgangssperre verhängt. In weiten Teilen des Landes mußte die Armee von einer ohnmächtigen Polizei bei der Unterdrückung der Unruhen zu Hilfe gerufen werden. Ganze Straßenzüge liegen in Schutt und Asche, Züge und Busse wurden angesteckt, staatliche Einrichtungen gestürmt und verwüstet.

[...]

Schon die bisherigen Quotenregelungen für die am meisten benachteiligten Inder haben deren soziale Stellung kaum zu heben vermocht. Ganze fünf Prozent von ihnen haben es geschafft, in den von Brahmanen beherrschten gehobenen Staatsdienst zu kommen. Selbst dort, wo die Quotierung bereits irrationale 92 Prozent beträgt, wie im Unionsstaat Karnataka, ist man von sozialer Gerechtigkeit weit entfernt.

Während es einigen der ehemals rückständigen Kasten, vor allem den landbesitzenden Bauern des Nordens und einigen Händlerkasten in den Städten gelungen ist, durch wirtschaftlichen Erfolg auch soziale Anerkennung zu finden, bleibt die Masse außerhalb der rund 5000 Unterkasten dort, wo sie immer war: in absoluter Armut und ausgebeutet von denen, die sich über sie gestellt haben. Fünfhundert Millionen Inder leben unterhalb der Armutsgrenze, unter ihnen allerdings nicht wenige Angehörige der höheren Kasten.

Das Kastenwesen hat sich als schlimmstes Fortschrittshemmnis in Indien erwiesen. Aber Fortschritt läßt sich nicht per Gesetz erzwingen, sondern nur durch eine Verbesserung der wirtschaftlichen Lage der Unterprivilegierten. Voraussetzung dafür jedoch sind: Bildungschancen für alle, strukturelle Landreformen, vor allem aber eine Eindämmung der Geburtenwelle. Doch von derart diffizilen Problemen halten sich Indiens Politiker lieber fern.

Aus: DIE ZEIT, Nr. 41 vom 5. Oktober 1990. Artikel von Gabriele Venzky.

Zum Kastenproblem siehe auch S. 80

▷ Allen Überwindungsbemühungen zum Trotz ist das hinduistische Kastensystem in Indien weiterhin wirksam. Woran könnte das liegen?

3. Zur problematischen Stellung der Frau im Hinduismus

(Zur Frauenfrage siehe auch S. 65/66)

Der Brahmane und seine Tochter

In der heiligen Stadt Benares lebte einst ein Brahmane. Während er am Flußufer wandelte und den Krähen zusah, die sich von den Leichenresten nährten, die halb verkohlt in der Strömung trieben, sagte er zu sich selber: „Nun ja, ich bin arm, aber ich bin ein Brahmane; nun ja, ich habe keine Söhne, aber ich, ich selbst, bin doch männlichen Geschlechts. Ich will in den Tempel zurückkehren und Gott Vishnu um einen Sohn bitten." Er nahm den Weg zum Tempel, und Gott Vishnu hörte ihn an und erhörte ihn. Allerdings schenkte er ihm, ob aus Zerstreutheit oder aus anderen unerforschlichen Gründen, eine Tochter.
Der Brahmane war enttäuscht; doch als das Kind alt genug war, rief er es zu sich und sprach: „Ich bin Brahmane. Du bist meine Tochter. Ich hatte auf einen Sohn gehofft. Nun gut. Ich will dich alles lehren, was ich weiß, und wenn du verständig genug bist, wollen wir gemeinsam meditieren und nach Erleuchtung suchen."
Obwohl nur ein Mädchen, war sie doch eine Brahmanin und lernte schnell. Da setzten sie sich zusammen nieder und meditierten angestrengt, und Gott Vishnu erschien ihnen schon nach kurzer Zeit. „Was wollt Ihr?" fragte er.
Der Brahmane konnte kaum an sich halten. Er redete gleich los: „Ich will einen Sohn."
„Gut", sagte der Gott, „in der nächsten Runde." Im nächsten Leben wurde der Brahmane eine Frau und gebar acht Söhne.
„Und was ist dein Begehren?" fragte Vishnu das Mädchen. „Ich möchte den Rang eines Menschen bekommen."
„Oh, das ist viel schwieriger", wich der Gott aus, und er setzte eine Kommission ein, um das Problem zu studieren.

Text von Suniti Namjoshi, übersetzt von Rita Peterli, in: D. Riemenschneider, Shiva tanzt, a. a. O., S. 185.

Die Frau zieht den Karren, der Mann macht es sich bequem.
„Frauen in Indien sind von der Erlösung weit entfernt. Sie müssen erst als Männer wiedergeboren werden, um dorthin zu gelangen, während ein Mann nie so tief fallen kann, daß er als Frau wiedergeboren würde, eher als Wurm." (Gabriele Venzky, in: Misereor. *Themenheft „Indien", Aachen 1984, S. 17)*

Mädchen im hinduistischen Waisenhaus von Rajkot im indischen Bundesstaat Gujarat. Von den über 300 Kindern, die hier betreut werden, sind nur 80 Jungen.

Geringschätzung des weiblichen Geschlechts

Tausende von Nachteilen haben die Frauen,
doch drei Privilegien haben sie auch:
Sie führen den Haushalt, sie produzieren Söhne,
sie sterben zusammen mit ihrem Gemahl.

Sechs Dinge machen das Leben zur Hölle:
Zu wohnen in schlechter Nachbarschaft,
zu dienen unter einem schlechten König,
schlecht zu essen,
eine Gattin, die stets zürnt,
zahlreiche Töchter,
und die Armut.

Aus: Lebensweisheit aus Indien, hrsg. von Peter Schreiner. Herder, Freiburg 1986, S. 42 bzw. 28.

Die Diskriminierung der Mädchen beginnt schon vor der Geburt. Seit der Entwicklung medizinischer Tests zur Feststellung des Geschlechts eines ungeborenen Kindes besteht die Möglichkeit, einen weiblichen Fötus abzutreiben. Eine Untersuchung in Bombay ergab, daß es sich bei Abtreibungen, die nach vorgeburtlicher Geschlechtsbestimmung ausgeführt wurden, in 7999 von 8000 Fällen um weibliche Föten handelte.
Biologisch ist das weibliche Kind stärker, trotzdem ist die Sterberate für Mädchen höher. Der Knabe wird besser ernährt und besser gepflegt. Interne Untersuchungen von Krankenhäusern zeigen häufiger schwere Unterernährung bei Mädchen, vor allem im Alter zwischen ein und fünf Jahren. Obwohl die allgemeine Kindersterblichkeit in Indien gesunken ist, ist sie für Mädchen gleich geblieben.

Aus: The Times of India, 13. Oktober 1985, zitiert nach D. Riemenschneider (Hg.), Shiva tanzt. Das Indien-Lesebuch, a. a. O., S. 184.

Das Mädchen wächst mit dem Gefühl auf, den Eltern weit weniger willkommen als seine Brüder zu sein. Die Hochzeit ist teuer und für einen Bräutigam aus guter Familie, der vielleicht sogar die Oberschule besucht hat, ist neben dem Motorrad, der Armbanduhr und dem Transistorradio eine beträchtliche Mitgift auch noch in bar zu zahlen. „Töchter kosten nur Geld", meinen die Dörfler, „und wenn sie alt genug sind, richtig mithelfen können, dann gehen sie aus dem Haus." [...]

Aus: D. Kantowsky, Bilder und Briefe aus einem indischen Dorf, a. a. O., S. 66.

Zur Situation der Frau im heutigen Indien

Im Prozeß der Umwandlung Indiens zu einem neuzeitlichen Staat, der teilweise unter dem Druck der englischen Kolonialmacht geschah (die das Land bis 1947 beherrschte), wurden auf der Gesetzesebene zahlreiche Dinge erzwungen, die eine Besserstellung der traditionell rechtlosen Frauen in Indien zum Ziel hatten. So wurde z.B. bereits zu Anfang des letzten Jahrhunderts der hinduistische Brauch der Witwenverbrennung (Satī) verboten und unter Strafe gestellt. 1856 wurde sodann den hinduistischen Witwen im ‚Hindu Widows Remarriage Act' die vorher undenkbare Wiederverheiratung ermöglicht. 1930 wurde im ‚Child Marriage Restraint Act' die Kinderheirat verboten. 1947 beseitigte der ‚Hindu Marriage Disabilities Act' die Kastenschranken bei der Heirat, die vorher die Heirat unter Angehörigen der gleichen Kaste erzwungen hatten. Ebenso wurde den Frauen juristisch das Recht eingeräumt, sich ggf. von ihren Männern zu trennen. Im ‚Hindu Marriage Act' von 1955 wurde schließlich ein Eherecht eingeführt, das dem internationalen Standard entspricht.
Leider sind alle diese Verordnungen und Gesetze in der Wirklichkeit des indischen Lebens nie ein selbstverständlicher Bestandteil geworden. Die Realität des indischen Lebens ist weiterhin von der hinduistischen Vorstellung der Minderwertigkeit der Frau und ihrer dadurch notwendigen Unterordnung unter den Mann bestimmt. Noch immer gilt eine Tochter zu bekommen als unerfreuliches Ereignis, das heute sogar mit den modernen Methoden vorgeburtlicher Geschlechtsbestimmung und Abtreibung bekämpft wird (vgl. den Text aus der ‚Times of India' auf S. 76). Noch immer haben Mädchen keine auch nur annähernd mit den Jungen vergleichbaren Schul- und Bildungsmöglichkeiten. Noch immer lassen es sich Männer und ihre Familien teuer bezahlen, wenn sie ein Mädchen heiraten. Noch immer fallen Witwen auf die unterste rechtlose soziale Stufe. Gesetzliche Rechte, die von Frauen eingeklagt werden, werden nur widerwillig und schleppend gewährt. Oft kommt es sogar vor, daß die Polizei und die Justizbehörden sich weigern, bei Gewalt gegen Frauen überhaupt zu ermitteln, selbst wenn es um Tötung geht und mehr oder minder offensichtlich ist, daß es sich um einen Mord handelt, durch den ein Ehemann seine Frau loswerden wollte, um eine neue mitgiftträchtige Ehe eingehen zu können, wie es in neuerer Zeit erschreckend häufig vorkommt.610 solcher Mitgiftmorde wurden 1982 allein in Delhi registriert; die nicht erfaßte Zahl dürfte um ein vielfaches höher sein.

Originaltext auf Grundlage neuerer Quellen

▷ Ist die Diskriminierung der Frau in Indien und im Hinduismus eine besondere Erscheinung, oder gibt es das in anderen Ländern/Religionen auch?
▷ Bestehen Chancen auf Änderung dieses menschenunwürdigen Zustands?

4. Zum Spannungsverhältnis zwischen Hinduismus und Christentum, Islam

Christentum und Hinduismus – Eine historische Auseinandersetzung mit scharfer Zunge

„Hinduistischer Götzendienst"

Die folgende Aussage des evangelischen Missionars William Ward (1769–1823) wurde 1822 in England veröffentlicht und war mit dem Appell verbunden, das indische Volk doch aus den Fesseln solchen Aberglaubens, solcher Grausamkeit und Ungerechtigkeit zu befreien. Die Tatsache, daß den Engländern durch ihre Handelsverbindungen und den zunehmenden politischen Einfluß in Indien die Möglichkeit dazu gegeben war, wurde als Fügung der Vorsehung ausgelegt.

„Um den hinduistischen Götzendienst zu kennen, muß man durch den Schmutz dieser 18 Puranas und der anderen volkstümlichen Bücher waten; man muß die volkstümlichen modernen Gedichte und Lieder hören und lesen; man muß dem Brahmanen auf seinen mitternächtlichen Orgien folgen, die er vor dem Bild der Kālī oder anderen Göttinnen begeht, oder man muß ihn zu seinen nächtlichen Feiern, den Prozessionen usw. begleiten und muß den unanständigen Dialogen zuhören, die da über Krishna und die Töchter der Hirten eingeübt werden; oder man muß ihn beobachten, wie er um Mitternacht mit dem Schlamm und Wasser des Ganges einen wohlhabenden nahen Verwandten, der im Fieber-Delirium liegt, erstickt, oder wie er um dieselbe Stunde heimlich seine untreue Ehefrau ermordet oder einen angeblichen Feind der Familie, wobei er den Körper verbrennt, bevor er noch kalt geworden ist und sich das Blut im heiligen Strom des Ganges von den Händen wäscht; oder man muß dem Brahmanen zuschauen, der eine zitternde, halbtote Witwe um den Scheiterhaufen treibt und sie wie ein Stück Holz neben den Leichnam ihres Gatten wirft, sie fesselt und mit Bambusstangen niederhält, bis das Feuer sie der Kraft beraubt hat, aufzustehen und wegzulaufen.[1] – Wenn man dem Brahmanen durch all diese Schrecken gefolgt ist, wird man sich immer noch erst der Schwelle dieses Moloch-Tempels genähert haben; und man wird anfangen, überzeugt zu sein, daß man ein Hindu werden muß, um den hinduistischen Götzendienst zu kennen, wie er wirklich ist. Vielmehr, ein Brahmane muß man werden, denn der arme Śūdra wird schon allein durch den Umstand seiner niedrigen Stellung vor vielen der Ungeheuerlichkeiten bewahrt, die zu begehen allein Privileg der Brahmanen ist."

Aus: W. Ward, Account of the writings, religion, and manners, of the Hindoos: including translations from their principal works. In four volumes, Serampore: Mission Press 1811, Bd. 2, S. 40 f. Zitiert nach: Peter Schreiner, Begegnung mit dem Hinduismus, a. a. O., S. 29 f.

[1] Die Witwenverbrennung (Sati) in Indien wurde Mitte des letzten Jahrhunderts abgeschafft und verboten (vgl. Text S. 77).

- ▷ Ist diese 1822 auf dem Hintergrund des Kolonialismus entstandene Aussage über die Religion Indiens geschichtlich überholt oder gibt es solche Meinungen in abgeschwächter Form auch heute noch im christlichen Bereich? Informieren Sie sich bei den christlichen Kirchen, ob und welche Versuche der Verständigung mit dem Hinduismus unternommen werden.
- ▷ Diskutieren Sie die hinduistischen Positionen auf S. 79.

„Christliche Engstirnigkeit und Intoleranz“

Der neuhinduistische Missionar Swami Ranganathananda von der Ramakrishna Mission in Calcutta schreibt 1960 über das Christentum:

„Die Kreuzigung Jesu war eine Tragödie ersten Ranges, aber eine noch größere Tragödie war das, was man aus ihr machte. Sie wurde in die maßgeblichen Dogmen einbezogen und entwickelte sich langsam zum Zentrum der neuen Bewegung. Aus dem Mann der Freude, der Jesus im wirklichen Leben zweifellos war, wurde – im Dogma – der Schmerzensmann. Aber der Menschensohn aß und trank, wie er selbst sagte, und zog eine Welle von Scherz und Lachen nach sich. Indem das Dogma aus ihm einen Mann der Schmerzen machte, hat es dazu beigetragen, seine Religion in eine grimmige und freudlose Sache zu verwandeln mit schwerwiegenden Konsequenzen für das Gefühlsleben ihrer Anhänger.

Es ist interessant sich vorzustellen, wie die Botschaft sich wohl ausgebreitet hätte, wenn statt der volkstümlichen und eindrucksvollen Dogmen vom „Sündenbock“ und „Sühneopfer“, von leiblicher Auferweckung und Wiederkunft, vom irdischen Reich und vom unmittelbar bevorstehenden Tag des Jüngsten Gerichtes das göttliche Leben und die erhabene Lehre Jesu zum Mittelpunkt geworden wären. Diese Dogmen, einschließlich des geltenden monotheistischen Gottesverständnisses, drücken reines Stammesdenken aus. Sie waren die Brutstätte des zeitgenössischen jüdischen Patriotismus und nationaler Verbundenheit, der sektiererischen Intoleranz und politischen Raserei. Diese Fesselung der universalen Botschaft Jesu – der Ideen von der einwohnenden Göttlichkeit, göttlichen Gnade, universalen Ethik und geistlichen Verwirklichung – mit gußeisernen Dogmen entstellte ihre Universalität durch Engstirnigkeit und Intoleranz und verwässerte ihren Inhalt von Frieden und Liebe mit Haß, Gewalt und Krieg.“

Swami Ranganathananda, The Christ we adore. Calcutta (Ramakrishna Mission Institute of Culture) 1960, 42 f., 44 f., 47 f., mit Auslassungen: Übersetzung R. Hummel, in: Loth u. a., Christentum im Spiegel der Weltreligionen. Quell Verlag, Stuttgart 1978, S. 118

Ein hinduistischer Aufruf zu religiöser Toleranz

Feindliche Kritik einer Religion durch Verteidiger einer anderen ist ein Gift früherer Zeiten gewesen. Anerkennung der geistigen und sittlichen Werte in allen Religionen kann wesentlich dazu helfen, Individuen und Nationen in bleibender Freundschaft und gegenseitiger Achtung zu verbinden. Die Hindureligion hat sich durch die Jahrtausende, mindestens historisch fünf Jahrtausende lang, verständnisvoll und duldsam gezeigt, freundschaftlich gegen alle und respektlos gegen keinen. Die spät im Zuge der Geschichte gegründeten Religionen müssen das unbefangen anerkennen. Würden doch alle Völker sich von weltlichem Machtzuwachs abwenden und einer Gottinnewerdung zustreben! Und würden doch religiöse Personen, die nicht erdengesinnt, sondern Gott zugewandt sind, durch die Tat gemeinsame ethische Grundsätze predigen und die überlegene Kraft eines nicht nur gottesfürchtigen, sondern positiv gottliebenden Lebens zeigen! Dann könnten die Menschen in gegenseitiger Achtung und Liebe leben, anstatt in materiellen und geistigen Streitigkeiten.

Stellungnahme des Hindus Swami B. H. Bon Maharaj in: Die Antwort der Religionen. Eine Umfrage mit 31 Fragen von Gerhard Szczesny, Reinbek bei Hamburg: Rowohlt 1971, S. 198 f.

Die Anziehungskraft des Islam auf die „Unberührbaren"

Das Jahr 1981 wird in Indiens Geschichte eingehen als das Jahr, in dem eine Massenbekehrung von Unberührbaren zum Islam, dem Urgegner des Brahmanismus, das Land erschütterte. In den ersten Meldungen zu Beginn des Jahres war nur von einem einzelnen Bundesstaat die Rede, Tamil Nadu, und ausschließlich von drei Distrikten. Es war die *Times of India,* die am 21. März mit einer schreierischen Schlagzeile auf der ersten Seite von einer islamischen Organisation berichtete, die ihr Hauptquartier in London habe und plane, „80 von den 120 Millionen Kastenlosen zu bekehren".

Was war denn wirklich in jenem winzigen Dorf Meenakashipuram geschehen, das es inzwischen zu landesweiter Berühmtheit gebracht hatte? Knapp einige hundert Unberührbare waren zum Islam übergetreten, weil sie die Quälereien der Hindus nicht länger ertragen konnten. Als Moslems leben sie dort jetzt glücklich und völlig frei. Aber den Hindus macht die Tatsache Kopfzerbrechen, daß der Islam den Gedrückten dieser Erde die Zufriedenheit gebracht hat. Ich habe, lange bevor diese Meldungen in der nationalen Presse erschienen, das Dorf besucht. Wir haben festgestellt, daß die übergetretenen Unberührbaren dort glücklich und zufrieden lebten. Ihre Massenbekehrung zum Islam hat schon vor einer ganzen Weile begonnen. Ob das den Hindu-Organisationen paßt oder nicht, niemand kann den Übertritt zum Islam, dem Christentum, Buddhismus oder zu einer anderen Religion verhindern. Die Marxisten sind mit ihrer Revolution gescheitert – was bleibt den Unberührbaren und den Minderheitenvölkern denn noch als Ausweg? Die Bekehrung schien ihnen die letzte Chance. Schon B. R. Ambedkar empfahl sie als einzige grundsätzliche Lösung für das Problem der Unberührbaren und der Minderheitenvölker.

Die Hindu-Organisationen schafften es, diese Ereignisse zu einer „Krise der Nation" emporzustilisieren. Sie wurden dabei angeführt von einer faschistischen, paramilitärischen Organisation namens *Rastriya Swayamsevak Sang* (RSS), deren Ziel eine weltweit einzigartige Form von Diktatur ist – die kombinierte Herrschaft von Klasse und Kaste über Indien. Diese Organisation wird sorgfältig aufgepäppelt von der nationalen Presse, die korrupten Kapitalisten gehört und von hochkastigen Journalisten geleitet wird. Ihr Furioso hatte Methode. Sogar Premierministerin Indira Gandhi vergaß, daß sie einer „säkularen Regierung" vorstand. Ihr brahmanisches Erbe brach durch, und sie setzte die Regierungsbehörden in Bewegung, um das Schlimmste zu verhüten. Moslemische und kastenlose Führer ihrer Partei erzählten uns, daß sie bei einem Treffen sehr besorgt dreingeschaut habe und sie eindringlich aufgefordert habe, in jenes Dorf zu eilen und „etwas zu unternehmen". So wurde dieses Dörfchen schließlich ein Wallfahrtsort für Hindu-Aktivisten aller Art, die mit Bestechungsversuchen die Unberührbaren vom Übertritt zum Islam abhalten wollten. Aber sie scheiterten kläglich.

Aus: V. T. Rajshekar Shetty, Die Bekehrung der Unberührbaren. In: D. Riemenschneider (Hg.), Shiva tanzt. Das Indien-Lesebuch, a. a. O., S. 138 f.

▷ Hindu wird man durch Geburt in einer hinduistischen Familie; für einen Übertritt von einer anderen Religion gibt es weder entsprechende religiöse Prozeduren noch einen institutionellen Rahmen. Hier steht der Hinduismus in einem totalen Gegensatz zum Christentum und Islam, die seit jeher die Bekehrung Andersgläubiger als eine zentrale Aufgabe betrieben haben. Ab 100 n. Chr. drang der Islam nach Indien vor, wobei oft gewalttätige Formen der Missionierung eingesetzt wurden. Später kam das Christentum im Gefolge des Kolonialismus mit seinen Missionsstationen hinzu. Diese Vorgänge wirken bis heute nach. Sehen Sie Möglichkeiten der friedlichen Koexistenz der Religionen?

Blutige Zusammenstöße zwischen Hindus und Moslems 1990

NEU-DELHI, 11. Dezember 1990. Indien auf einem Pulverfaß – so interpretieren die Zeitungen der Hauptstadt die blutigen Unruhen zwischen Hindus und Muslimen in den Bundesstaaten Andhra Pradesh (Hyderabad), Uttar Pradesh (Aligarh und Kanpur) und Gujarat. Keine zweifelt daran, daß das Feuer von der militanten Hindu-Bewegung ausgeht, die in Ayodhya einen großen Tempel zu Ehren des Gottes Rama genau dort errichten will, wo seit vierhundert Jahren eine Moschee steht. Keine Zeitung zweifelt auch daran, daß die „kommunale" Gewalt noch andere Städte und Unionsstaaten erfassen kann: Noch nie seit der Unabhängigkeit waren die Beziehungen zwischen Hindu-Mehrheit und Muslim-Minderheit, die nur 15 Prozent oder 120 Millionen von insgesamt 850 Millionen Einwohnern stellt, so schlecht, waren die Sicherheitskräfte, in denen hauptsächlich Hindus dienen, so parteiisch.

„Noch nie waren wir Hindus so leidenschaftlich", sagt ein Facharzt, der ein neues gesellschaftliches Bewußtsein der Mehrheit artikuliert. Selbst in der Oberschicht ist es heute nicht mehr tabu, die Muslime zum Teufel, nach Pakistan, zu wünschen und einer „Hindu-Nation" das Wort zu reden, wie es etwa der bekannte Journalist Girilal Jain, ehemals Chefredakteur der „Times of India", in umfänglichen Aufsätzen tut. Selbst in guten Familien ist es gestattet, die radikale Hindu-Partei Bharathiya Janata Party (BJP) und ihre faschistischen Schwesterorganisationen RSS und Vishwa Hindu Parishad (VHP) mit sympathischen Worten zu erwähnen – jene Gruppierungen also, die religiöse Gefühle skrupellos politisch auszunutzen versuchen.

Lange Zeit hätten sich die Hindus als Schwächlinge gesehen, beherrscht von muslimischen Eroberern und britischen Kolonialherren. „Jetzt hat uns die BJP zu einem neuen Bewußtsein verholfen", sagt eine Journalistin. „Wir sind die Mehrheit, wir müssen hierbleiben, die Muslime aber haben Pakistan und die ganze islamische Welt", sagt der Facharzt. Nicht die Hindus, sondern die Muslime würden von den Politikern umschwärmt, weil sie deren Stimmen wollten. Keine Hindu-Prozession könne an religiösen Feiertagen stattfinden, ohne daß Muslime sie mit Steinen bewürfen. „Das sollten wir Hindus einmal in Pakistan versuchen", sagt der Arzt. Er fühlt sich „bedroht" – von einer Minderheit von nur 15 Prozent der Bevölkerung? Nein, ihn stören die Privilegien für die Muslime etwa in Kaschmir oder im Familienrecht, wo die Verfassungsväter doch einen für alle Gemeinschaften verbindlichen „civil code" angestrebt hätten. Und er bringt damit zum Ausdruck, was die meisten Hindus besonders ärgert: daß die Politiker die Mehrheit als gegebenen Faktor hinnehmen, den religiösen und ethnischen Minderheiten sowie den Unberührbaren aber besondere Zugeständnisse machen, um sie zu attraktiven „Stimmbänken" zusammenzuschweißen.

[...]

Ein junger muslimischer Journalist nennt als Gründe für den Erfolg der militanten Hindus die wirtschaftlichen Schwierigkeiten, die Krise des Sozialismus und die hohe Arbeitslosigkeit unter jungen Menschen. Indira Gandhi habe 1969 „Garibi Hatao", „Nieder mit der Armut", versprochen, aber die Armut habe eher zugenommen. In seinem Dorf gebe es keinen Arzt, brächen bei 47 Grad Hitze drei Tage lang die Strom- und die Wasserversorgung zusammen. Entwicklung, Bildungs- und Gesundheitswesen stagnierten, als einziges Ventil bleibe den Menschen die Religion.

Aus: Frankfurter Allgemeine Zeitung vom 12. 12. 1990, S. 3. Artikel von Erhard Haubold.

5. Aktuelle Ausstrahlungen hinduistisch inspirierter Bewegungen auf die westliche Welt

Die häufigste und für viele die beunruhigendste Weise, auf die wir heute dem Hinduismus begegnen, beruht auf der Ausstrahlung indischer, hinduistischer Lehrer und der von ihnen gegründeten Bewegungen im Westen. Man hat vielleicht schon einmal eine Gruppe kahlgeschorener junger Leute in wallende Tücher gehüllt in einer kleinen Prozession auf der Straße tanzen sehen und sich über Herkunft und Inhalt der von ihnen gesungenen Musik und Texte gewundert; oder man hat sich auf eine der zahllosen Möglichkeiten eingelassen, Yoga zu erlernen; und jedenfalls konnte man das Echo dieser Bewegungen in den Massenmedien nicht überhören und übersehen - die Beatles, die „TM" erlernen, ein deutscher Prinz, der in Poona stirbt, Polizei-Razzia im Zentrum der Hare-Krishna-Bewegung in Deutschland … - es fehlt nicht an „Aufhängern".

Aus: Peter Schreiner, Begegnung mit dem Hinduismus, a. a. O., S. 43.

Transzendentale Meditation (TM) - Beispiel einer aus Indien kommenden Bewegung

Unter den ersten Bewegungen, die, aus Indien kommend, bei uns durch ihre glamouröse Werbung, ihre Beachtung in den Medien und die rasch wachsende Zahl ihrer Mitglieder von sich reden machte, war die sogenannte TM, so die Abkürzung für „Transzendentale Meditation". Dieser Name verrät den indischen Ursprung der Bewegung nicht; der Name ihres Gründers läßt keinen Zweifel daran aufkommen: Maharishi Mahesh Yogi vereint in seinem Namen gleich zwei Titel, die sich nur aus der hinduistischen Tradition heraus verstehen lassen. Maharishi heißt „Großer Seher"; als „Seher" werden Verfasser vedischer Hymnen bezeichnet; es sind nach hinduistischem Verständnis nicht deren Autoren, sondern nur die Vermittler einer Offenbarung. […] Indem Maharishi Mahesh Yogi sich diesen Titel zulegt, will er zweifellos den Anspruch verdeutlichen, in der vedischen Tradition zu stehen, zeitlose (vielleicht vergessene) Wahrheit zu verkünden und dies mit Autorität zu tun. Der zweite Namensteil ist aus des Maharishi bürgerlichem Namen übernommen, Mahesh Prasad Varma. Ein Titel dagegen ist „Yogi" *(yogin).* Indem er sich Yogi nennt, läßt er auch seine Lehre und seine Meditationstechnik als Aspekte von Yoga erscheinen.

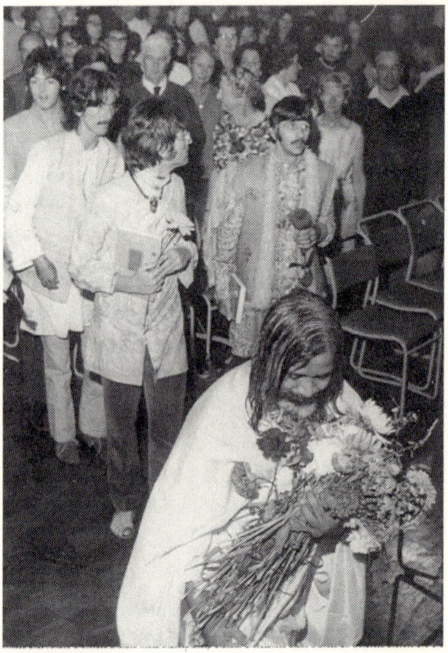

Weltweite Aufmerksamkeit erreichte die TM-Bewegung des Maharashi Mahesh Yogi 1967, als sich ihr die Mitglieder der Musikgruppe „The Beatles" eine Zeitlang anschlossen.

Das öffentliche Wirken des Maharishi begann 1958 in Madras mit der Gründung der sogenannten „geistigen Erneuerungsbewegung" (Spiritual Regeneration Movement). Über das Vorleben des Maharishi ist wenig bekannt, nicht einmal sein Geburtsjahr (ca. 1918). Für hinduistisches Vorverständnis ist es undenkbar, daß jemand aus sich heraus als religiöser Lehrer auftritt. Die Autorität für geistigen Führungsanspruch muß aus der Vergangenheit, aus der Berufung auf einen Lehrer, noch besser auf eine Kette von Lehrern, erfolgen. Ein solcher Überlieferungszusammenhang heißt *saṃpradāya* („Weitergeben", Überlieferung, Tradition).

Der Maharishi stellt sich selbstverständlich in einen derartigen Überlieferungszusammenhang. 13 Jahre lang soll er bei seinem Lehrer gelebt und gelernt haben. Im Jahr der Gründung der geistigen Erneuerungsbewegung reiste der Maharishi in die USA; 1960 kam er zum ersten Mal nach Deutschland. Eine Reihe von Institutionen verwaltet das geistige und materielle Vermögen des Maharishi – am bekanntesten sind wohl SIMS (Students International Meditation Society), MIU (Maharishi International University) und MERU (Maharishi European Research University); seit 1972 steckt ein „Weltplan" die Ziele der Bewegung ab (ein Prozent der Weltbevölkerung soll für TM gewonnen werden). 1975 wurde das Zeitalter der Erleuchtung (Age of Enlightenment) ausgerufen und eine „Weltregierung" eingesetzt.

Der Auslöser für derart hochfliegende Pläne ist eine stets nachdrücklich als „einfach" angepriesene Meditationstechnik. Sie ist es, die schöpferische Intelligenz wekken soll, die die Menschen aus der Quelle eines höheren Bewußtseins schöpfen lassen soll (daher „transzendente" Meditation), die zu einer Gesundung aller gesellschaftlichen Probleme (Kriminalität, Krieg, Armut, Ungerechtigkeit) führen soll, und zwar „mechanisch" oder „automatisch". Dies sind, in aller Knappheit, die Ziele, die TM anstrebt und dem einzelnen verspricht. Die Technik der TM besteht in der innerlichen Wiederholung eines sogenannten Mantra, wobei alle anderen Gedankeninhalte behutsam aber nachdrücklich durch das Mantra verdrängt werden sollen. Dadurch soll im körperlichen und psychischen Bereich Beruhigung (Abbau von Streß) eintreten: das sonst verborgene Potential des menschlichen Geistes wird zugänglich.

Die Anhänger der TM erhalten ihr Mantra nicht vom Maharishi selber, sondern von eigens dafür ausgebildeten Meditationslehrern; man muß dafür bezahlen. Ausdruck der Zugehörigkeit zur „Gemeinde" der TM und Voraussetzung für die Berechtigung zum Empfang und zur Anwendung des Mantras ist eine Initiation, auch dies ein traditionell-hinduistischer Bestandteil einer „Überlieferung" *(saṃpradāya).*

Da seitens der TM immer wieder die Wissenschaftlichkeit ihrer Technik betont wird (die körperliche und seelische Wirkung der TM wird unter Berufung auf zahlreiche Experimente als „bewiesen" und also „wissenschaftlich" angesehen), die unabhängig von der Zugehörigkeit zu einer Religion und ohne Rückgriff auf eine Weltanschauung anzuwenden und zu verstehen sei, verwundert es, daß mit Initiation und Geheimhaltung zwei typisch hinduistische „Äußerlichkeiten" beibehalten wurden. Was der Maharishi als „Wissenschaft vom Sein" oder in Form eines Kommentars zur Bhagavadgītā geschrieben hat, verrät zwar das Anliegen, religiöse Ziele und Wissenschaftlichkeit zu vereinen, es verleugnet jedoch nicht die Wurzeln in der hinduistischen Tradition. Das Anliegen, im Westen Religion als Wissenschaft zu verkaufen, geht auf das Klischee vom materiellen Westen und dem spirituellen Osten zurück. Gerade in den Zielen hat sich die TM besonders weit von ihren Wurzeln entfernt.

Gelegentlich liest man von Eltern junger Leute, die vor TM warnen, weil die Einwärtswendung der Meditierenden sie jegliches Interesse an ihrer Umwelt, an ihrer Familie, an Ausbildung oder Beruf verlieren lassen. Eine solche Wirkung der Meditation ist Anlaß für Kritik an der TM und soll ihre „Gefährlichkeit" belegen. Es ist nicht auszuschließen, daß die Warnung solcher Kritiker nur der Ausdruck einer empfundenen Verunsicherung und der Infragestellung der ererbten Religion und ihrer Organisationsformen ist; es könnte allerdings auch sein, daß etwas vom Yoga-Erbe der TM erfahren und erspürt wurde.

Aus: Peter Schreiner, Begegnung mit dem Hinduismus, a. a. O., S. 44–53 (gekürzt).

„Die Atemübungen und die Meditationspraktiken des Yoga sind in unserer Zeit sehr schwierig. Die gegenwärtige Zeit des Kali-Zeitalters ist eine verkommene Zeit. Heutzutage leben die Menschen gewöhnlich kurz, und sie brauchen lange, um Selbstverwirklichung oder das spirituelle Leben zu verstehen. Meistens haben sie dabei kein Glück, und deshalb wird jemand, der ein klein wenig an Selbstverwirklichung interessiert ist, von den vielen Betrügern in die Irre geleitet. Der einzige wirkliche Weg, um den vollkommenen Zustand des Yoga zu verwirklichen, besteht darin, den Prinzipien des Bhagavadgītā zu folgen, wie sie von dem göttlichen Caitanya praktiziert wurden. Dies ist die einfachste und höchste Vollendung der Yogapraxis."

Aus: A. C. Bhaktivedanta Swami Prabhupāda: The science of self-realization, New York 1977, S. 131.

Der Autor des Zitats, dessen Gedankenführung und Argumentationsstil vorgeführt werden sollten, ist A. C. Bhaktivedanta Swami Prabhupāda, der Gründer der sogenannten Hare-Krishna-Bewegung, deren institutionalisierter Name „International Society for Krishna Consciousness" (ISKCON) lautet. Swami Prabhupāda wurde 1896 als Abhay Charan De in Calcutta geboren; er studierte, gründete eine Familie, ging erfolgreich seinem Beruf [als Angestellter eines indischen Chemieunternehmens] nach, bis er sich 1950 zurückzog und 1954 in das Lebensstadium des „Vanaprastha", des Waldeinsiedlers eintrat; 1959 wurde er Sannyāsin, d. h., er entsagte der Welt und gelobte ein Leben der Besitzlosigkeit und Enthaltsamkeit. 1966 wurde in New York die ISKCON gegründet; die ersten Zentren in Deutschland wurden 1968 eingerichtet. *Prabhupāda* heißt wörtlich „zu Füßen des Herrn"; *Bhaktivedānta* heißt „der, für den Gipfelpunkt der Veden die Gottesliebe ist". Von seinem Lehrer will Swami Prabhupāda den Auftrag erhalten haben, „vedisches Wissen" im Westen zu verbreiten. Abgesehen von literarischer Tätigkeit begann die Erfüllung diese Auftrages erst 1965 mit der Reise des Swami in die USA. Swami Prabhupāda starb 1977.

Krishna, eine jugendbetonte Verkörperung des Gottes Vishnu, die auch in Indien sehr populär ist, wird von der Hare-Krishna-Bewegung als Herr aller Dinge verehrt.

Um die Lehre des Swami zusammenzufassen, genügt es fast, auf den Namen der von ihm gegründeten Gesellschaft „für Krishna-Bewußtsein" zu verweisen. Denn das zentrale Anliegen dieser religiösen Richtung läßt sich weniger durch eine Liste von Glaubenssätzen umschreiben, als durch die Tatsache, daß sie auf ein bestimmtes Bewußtsein, eine Haltung und alle Lebensbereiche durchdringende Gedankenrichtung zielt. Der Inhalt dieses Bewußtseins ist durch den Namen Krishna umfassend beschrieben.

Um zu erreichen, daß Krishna zum Inhalt des Bewußtseins wird, muß man die Namen Krishnas möglichst ununterbrochen wiederholen. Gott und sein Name sind identisch; das Bewußtsein mit dem Namen Gottes auszufüllen, bedeutet also, es mit Gott zu erfüllen. Darin besteht die angestrebte Selbstverwirklichung. Voraussetzung dafür ist im Bereich der Lebensfüh-

Hare-Krishna-Anhänger in Deutschland. Hier 1977 vor einem Gerichtssaal in Frankfurt, in dem sich einige ihrer Führer wegen unerlaubten Waffenbesitzes, Vergehen gegen das Sammelgesetz und Veruntreuung von 2,4 Millionen DM, die angeblich für hungernde Kinder in Indien gesammelt worden waren, verantworten mußten.

rung der Verzicht auf Fleisch, Eier und Fisch, auf Rauschmittel, auf Glücksspiel und auf unerlaubte Sexualität (erlaubt ist sie in der Ehe zum Zweck der Kinderzeugung).

Die Aufnahme in den Kreis der Gottgeweihten erfolgt durch einen Initiationsritus; in der Praxis wird das Gemeinschaftsleben den spirituellen Bemühungen des einzelnen vorangestellt. Man erhält bei der Initiation nicht ein persönliches Mantra, sondern man erlernt das richtige Singen („Chanten" in der eingedeutschten Form des englischen Wortes) des „großen Mantras", das der Bewegung ihren geläufigsten Namen gegeben hat: „Hare Krishna, Hare Krishna, Krishna, Krishna, Hare, Hare; Hare Rāma, Hare Rāma Rāma, Rāma, Hare Hare." Rāma und Krishna sind zwei der Verkörperungen Vishnus.

In der religiösen Praxis schließt sich Swami Prabhupāda eng an den traditionellen Viṣhnuismus in seiner Ausprägung als Krishna-Verehrung an. Dort gelten *fünf Praktiken* als besonders förderlich für die Verwirklichung einer völligen Ausfüllung von Leben und Denken durch Krishna: Der Anblick *(darshana)* des Gottesbildes; die Gemeinschaft mit Gleichgesinnten *(satsaṅga)*, wo man sich in Rede und Tun, durch Rezitation der heiligen Texte, durch Singen von Lobliedern, durch Verehrung des Gottesbildes auf Gott einstimmen, von der Begeisterung für ihn anstecken und von störenden Einflüssen fernhalten kann; das Lesen und Anhören des Bhāgavatapurāṇa, des heiligsten und autoritativsten Textes dieser Richtung; das ständige preisende Wiederholen des oder der Namen Gottes *(kirtana)*, welches alleine oder mit Vorliebe in der Gemeinschaft mit anderen Krishna-Geweihten öffentlich geübt wird. Die Hare-Krishna-Bewegung hat einen Tempelkomplex in Mathurā errichtet und bezeugt dadurch ihre Verwurzelung in der bodenständigen Tradition des Hinduismus.

Die strengen Vorschriften, die das Leben der Krishna-Geweihten bestimmen, sind sicher ein Grund dafür, warum die Zahl der Mitglieder überschaubar blieb; die Bemühungen, Krishna-Bewußtsein, welches ja als die einzig wirklichkeitsgemäße Form des Gottbewußtseins angesehen wird, über Schriftenverkauf (und Entgegennahme finanzieller Unterstützung) zu verbreiten, sind dafür um so größer.

Aus: Peter Schreiner, Begegnung mit dem Hinduismus, a. a. O., S. 54–58 (gekürzt)

▷ Fassen Sie die Grundaussagen sowohl der TM- als auch der Hare-Krishna-Bewegung zusammen. Erörtern Sie die Frage, warum diese hinduistischen Gruppierungen in Europa und Amerika Fuß fassen konnten.

▷ Tragen Sie Material zusammen über sogenannte Jugendreligionen hinduistischer Prägung in Deutschland. Referieren Sie über die zentralen Lehrinhalte der Divine Light Mission und der Bewegung um Bhagwan Shri Rajneesh.

▷ Versuchen Sie eine sachliche Kritik der Bewegungen und Organisationen.

Was wir von Indien lernen könnten

Ich glaube, in den letzten Jahren in Indien etwas gelernt zu haben, aber nicht über den Kopf. Wir haben es hier tatsächlich mit zwei grundsätzlich anderen Haltungen zu tun, im Zugehen auf und im Umgehen mit Welt. Auf der einen Seite haben wir die westliche Form des Umgehens mit Welt, die entsprechend dann zu Umweltproblemen führt, weil wir das Ganze nur egobezogen sehen; und auf der anderen Seite haben wir die Form des Umgehens mit Welt, die sich selbst als Teil einer Mitwelt begreift und nicht als so einmaliges Ereignis herausstellt. Die Frage ist, kann ich mich dem überhaupt annähern über die rein intellektuelle Feststellung hinaus? Wir haben es hier mit zwei verschiedenen Kosmologien zu tun, aus diesen Kosmologien abgeleitet bzw. durch sie bestimmt sind unterschiedliche Formen des miteinander Umgehens und miteinander Kommunizierens. Wir haben es außerdem mit einer unterschiedlichen Logik zu tun: Bei uns ist es eine Logik, die versucht, den Widerspruch zu überwinden bzw. im diskursiven Denken zu klären, also eine Entweder-Oder-Logik. Auf der anderen Seite steht eine Sowohl-Als-Auch-Logik, die sich nicht darum schert, daß Widersprüche bestehen bleiben. Es ist zutiefst irritierend, wenn man sich mit Menschen unterhält, die mit „ja und?" antworten, wenn man meint, sie an den Punkt gebracht zu haben, daß sie entweder A oder B sagen müßten. Dann sagen sie: „Wo ist dein Problem?" Das ist eine interessante Erfahrung. Ich meine inzwischen, daß wir versuchen müssen, aus dieser vertrackten Entweder-Oder-Logik herauszukommen, und daß das etwas ist, was man gerade im Umgang mit Südasien erfahren kann. Ob es uns aber gelingt, uns von dem was jeder von uns vom ersten Tag an gespeichert hat, zu distanzieren, das wage ich zu bezweifeln. Es gibt vielleicht Annäherungen, von Zeit zu Zeit und in glücklichen Momenten, aber ich glaube nicht, daß wir aus dem Gehäuse der westlichen Logik, unseres westlichen akademischen Diskurses so einfach herausspringen können.

Auszug aus einem Gespräch des Autors mit der Redaktion der Zeitschrift „Trickster". In: Detlef Kantowsky, Bilder und Briefe aus einem indischen Dorf, a. a. O., S. 235 f.

So möge, wer sich um Erlösung müht,
befriedet und voller Nachsicht gegen alle Welt,
stets die Versenkung üben und erfahren
den Zustand seiner All-Einheit.

Shankara

Aus: Shankara, Vivekacudamani, 355 (zitiert in der Übersetzung von Peter Schreiner aus: Lebensweisheit aus Indien, hrsg. von P. Schreiner, Freiburg i. Br.: Verlag Herder, 1986)

▷ Gibt es Momente im Hinduismus, die Ihnen für Ihre Lebensgestaltung etwas sagen?
▷ Gibt es Ihrer Meinung nach Momente im indisch-hinduistischen Kulturkreis, von denen unser Kulturkreis etwas lernen könnte? Wie ist es umgekehrt?

Glossar

(Die Seitenzahlen verweisen auf Textstellen, an denen die Begriffe erklärt oder verwendet werden; auf die Aufnahme geographischer Bezeichnungen wurde aus Platzmangel verzichtet)

Agni: „Feuer"; vedischer Feuer- und Opfergott, von großer Bedeutung für die Vermittlung zwischen Menschen- und Götterwelt: 34, 35 Abb.
Ahimsa: Nichttöten, Gewaltlosigkeit: **68**, 69, **70**
Ambedkar, Bhimrao Ramji (1891-1956): „Vater der indischen Verfassung": der erste Harijan Indiens, der ein Studium beendete und als Vorsitzender der konstituierenden Nationalversammlung und erster indischer Justizminister ein wichtiges Regierungsamt inne hatte; er setzte sich entschieden für die Belange und Rechte der Harijans ein. Als er zu bemerken glaubte, daß eine Änderung des harten Loses der Kastenlosen im Rahmen des Hinduismus nicht möglich schien, veranlaßte er den Übertritt von über 500.000 Harijans zum Buddhismus und wurde selbst Buddhist: 80
Ananda Marga: vor allem in Europa und Amerika aktiv gewordene neuhinduistische Bewegung: 15
Animismus: Seelenglaube; frühe Religionsform, die alle Dinge mit Seelen versehen sein läßt: 22
Apotheose: „Vergottung"
Arjuna: Name eines altindischen königlichen Kriegers, in der Bhagavadgita Gesprächspartner Krishnas: 47
Artha: Nutzen, Zweck, eines der drei weltlichen Ziele: **59**
Arya (Arier, arisch): Selbstbezeichnung der um 1500 v. Chr. nach Indien eingewanderten Indo-Europäer, die heute vor allem in Nordindien siedeln und die Mehrheit der indischen Bevölkerung bilden: 11, 40
Atma(n): das (mikrokosmische) Absolute, das weltgebundene, körperlose Selbst, die befreite Seele, letztlich identisch mit Brahman: 12, 41, 22, **44**
Ashrama: Einsiedelei; ferner zusammenfassende Bezeichnung für die vier Lebensstadien, die die Zweimalgeborenen durchlaufen sollten: **61**
Asuras: dämonische Halbgötter, Feinde der Götter: 12, 45
Atheismus: eine jeden (personalen) Gottesglauben ablehnende Weltanschauung: 14
Avatara: „Herabkunft", insbesondere des Gottes Vishnu, in eine sichtbare körperliche Gestalt: **45**
Ayurveda s. Veda
Bhagavad-Religion: Gruppe von Vishnuanhänger, die Vishnu in der Gestalt des Krishna-Vasudeva verehren: 12
Bhagavadgita: „Lied des Erhabenen", berühmtes hinduistisches Lehrgedicht in 18 Gesängen: 12, 43, 44, **47 f.**, 62, 84
Bhakti: Liebe (zu Gott); als Weg der Liebe und Hingabe an Gott (bhaktimarga) einer der drei in der Bhagavadgita gelehrten hinduistischen Heilswege, vor allem im Vishnuismus der wichtigste Heilsweg: 12, 43, 45, 48
Bijas: Keimsilben, aus denen die Mantras zusammengesetzt sind: 16, 50
Brahma: nur noch wenig verehrter hinduistischer Schöpfergott, der mit Vishnu und Shiva eine Götterdreiheit bildet: **12**, 45 (Abb.)
Brahma(n): das (makrokosmische) Absolute, das ungeteilte Eine, das eigenschaftslose Urprinzip der Welt in allen Dingen, letztlich identisch mit Atman: 11, 12, 34, 41, 42, 47
Brahmanas (s. Veda): **40 f.**
Brahmane: Angehöriger der 1. Kaste (varna), d. i. der Priesterkaste: 11, 28, **40** (Abb.), 61, **62**, 75
Brahmasutra: von Badarayana (vermutlich im 3. Jh. n. Chr.) verfaßter altindischer Leitfaden, der die panentheistischen und theopantistischen Lehren der Upanishaden in 550 Merksprüchen zusammengefaßt und damit zu einem Grundwerk des Vedanta wurde
C(h)aitanya (1486–1533): großer bengalischer Mystiker und Krishna-Verehrer, wird von seinen Anhängern als Avatar Krishnas bzw. Vishnus angesehen: 84
Darshana: zusammenfassende Bezeichnung für die sechs philosophischen Systeme des Hinduismus, d. i. Mimamsa und Vedanta, Samkhya und Yoga, Nyaya und Vaisheshika: 16, 85
Demiurg: Weltschöpfer, Baumeister des Kosmos
Deva: allgemeiner Name für „Gottheit": 12
Devi: hinduistische Göttin, einer der vielen Namen für die Gattin Shivas: 45
Devimahatmyam: „Preisung der Göttin", ein im 6. Jh. entstandenes Werk des Durga-Kultes: 8
Dharma: zentraler Begriff in Hinduismus und Buddhismus von sehr vielschichtiger Bedeutung. „Religion", Lehre, (moralisches) Gesetz, (Rechts)-Ordnung, Sitte, Tugend, Pflicht, eines der drei weltlichen Ziele: 45
Dharmshala: Pilgerherberge: 25, **59**
Dhyana: Meditation, die siebte Stufe des achtteiligen Yogapfades nach Patanjali: **52**
Divine Light Mission: besonders in Europa und Amerika aktiv gewordenen neuhinduistischen Bewegung: 15
Draviden: Angehörige einer vor allem in Südindien lebenden, eigenständigen Völker- und Sprachengruppe, die nach der indoeuropäischen die zweitgrößte Bevölkerungsschicht Indiens darstellt.
Durga s. Kali
Fakir s. Sadhu
Fetischismus: Verehrung lebloser Dinge oder eigens angefertigter Gegenstände und Figuren, die entweder als besonders krafterfüllt oder von einem mächtigen Geist bzw. Gott beseelt gedacht werden: 22
Ganesha: populäre (elefantenköpfige) hinduistische Gottheit, Gott der Weisheit, des Handels und des Beginnes, gilt neben Skanda als einer der beiden Söhne Shivas und Parvatis: 14, 23, 45
Ghat: Treppen an heiligen Badeplätzen und Flüssen zur Sündenvergebung und Leichenverbrennung: 14, 16, 30
Gita s. Bhagavadgita
Guru: (religiöser) Lehrer, geistlicher Vater: 50
Hare-Krishna-Bewegung: 15, **84 f.**
Harijan: „Kinder Gottes", von Mahatma Gandhi eingeführte Bezeichnung für die Parias: **62**, 73
Hatha-Yoga: Körper-Yoga, Vorstufe des eigentlichen Weisheitsyoga (Raja-Yoga): **53**
Indra: vedischer Hauptgott, Herr über alle Götter, gewaltiger Kämpfer, Drachentöter, ursprünglich ein Gewittergott: **35** (Abb.)
Jainismus: 55 f.
Jati: Unterkaste, Berufsgruppe, in die jeder Inder hineingeboren wird; die vier Kasten (Varna) zerfallen in insgesamt weit über 3000 Unterkasten (jati): 73, 74

Jnana: (Heils)Erkenntnis; als Weg der Erkenntnis (jnanamarga) einer der drei in der Bhagavadgita gelehrten hinduistischen Heilswege: 46,48

Kali (d.i. Durga): „die Schwarze", besonders in Bengalen verehrte schrecklich anzusehende Göttin der Zerstörung, einer der vielen Namen für die Gattin Shivas: 8, 14, 18, 24, 45, **49** (Abb.), 84

Kali-Yuga: Jetztzeit; viertes und letztes Zeitalter eines nach dem Gott Brahma genannten Weltalters (d.i. eines Brahma-Tages = 432 Millionen Jahre): 84

Kama: Liebe(sgenuß), eines der drei weltlichen Ziele: **59**

Karma: (im Rahmen des Wiedergeburtskreislaufs nachwirkendes) Tun, Werk, Ergebnis einer Handlung: 12, **43**, 55, 58

Karmamarga: Weg der rituellen oder sonstigen verdienstlichen Handlungen; einer der drei in der Bhagavadgita gelehrten hinduistischen Heilswege: 45, 48

Kaste (s. varna und jati): 11, **62 f.**, 72 ff., 80

Krishna: jugendlicher Held und Hirtengott, achte und volkstümlichste Verkörperung (avatara) Vishnus, göttlicher Lehrer Arjunas in der Bhagavadgita: 12, 23, 46, 47, 84 f. (Abb.)

Kshatriya: Angehöriger der 2. Kaste (Varna), d.i. der Kriegerkaste: 61, **62**

Lakshmi: Göttin der Schönheit, der Liebe und des Glücks, Gattin Vishnus: 24

Linga(m): Zeichen, Phallus; häufig anzutreffendes Symbol Shivas und des männlich-geistigen Aspekts des Absoluten, immer gemeinsam mit der Yoni dargestellt: 18

Mahabharata: das mit 100.000 Doppelversen umfangreichste und bekannteste altindische Epos, das u.a. eine Reihe von Einzelwerken wie die Bhagavadgita enthält: 45, 58, 62

Mahadeva, Mahadevi: der große Gott, die große Göttin; Bezeichnung für Shiva und seine Shakti: Abb. S. 5, 46

Mahavira (ca. 539–467 v. Chr.): (Wiederbe)Gründer des Jainismus: **55**

Mandala: mikro-makrokosmisch verstandenes Kreis(bild), magisch-religiöser Zirkel, meist als Meditationshilfe verwendet: 50

Mantra: magisch-religiös wirksam gedachte Wortformel: 16, 50, **51**, 83

Manusmriti: „Gesetzbuch des Manu", altindisches Lehrbuch über rechtes Verhalten etc.: **66**

Maya: Schein, Trugbild; vor allem im Vedanta: Kennzeichnung der Weltwirklichkeit als Illusion: **43**

Meru: als zentraler Weltenberg vorgestellte Weltachse: 16, 17

Mimamsa: „Erörterung" (der vedischen Riten und Opferkulte). Eines der sechs philosophischen Systeme des Hinduismus (s. Darshana).

Moksha: Befreiung, Erlösung, allgemein im Hinduismus das die drei weltlichen Ziele überhöhende eigentliche Ziel allen Seins und Lebens: 43, 59, **60**

Monergismus: theologische Lehre, die die Erlangung der göttlichen Gnade von dem alleinigen Wirken Gottes abhängig sein läßt: 43

Monismus: religiöse oder philosophische Einheitsschau: 50

Monotheismus: Glaube an den einen und einzigen Gott: 14

Mudra: Handhaltung von symbolisch-religiöser Bedeutung: 16, 50, **51** (Abb.)

Nakulnath: Beiname Shivas: 9

Nandi: „Stier"; Tragetier (vahana) Shivas: 25

Nyasa: Berührung bestimmter Körperstellen beim Aussprechen von Mantras: 50

Nyaya-Vaisheshika: zwei der sechs philosophischen Systeme des Hinduismus (Darshana), die durchweg zu einem System zusammengefaßt werden. Sie bemühen sich weniger um die Belange der Erlösung und des Heilswegs, als die vier anderen Systeme (Mimamsa, Vedanta, Yoga, Samkhya), sondern befassen sich vor allem mit Logik und Erkenntnistheorie.

Panentheismus: Alles-in-Gott-Lehre, d.i. Gott ist gleichzeitig die Ursubstanz der Welt und ein der Welt überlegenes Wesen: 14

Paria: Angehöriger der großen Gruppe der Kastenlosen, die die unterste Stufe des indischen Klassen- und Sozialsystems einnehmen

Parsen s. zoroastrische Religion.

Parvati: „Tochter des Himalaya", hinduistische Göttin, einer der vielen Namen der Gattin Shivas: 45

Polytheismus: Glaube an mehrere Götter, die einander zugeordnet sind

Prajapati: „der Hervorbringer"; brahmanischer Schöpfergott: 38, **39**

prapatti: Demut, Vertrauen, Selbstübergabe an Gott; der Weg der prapatti (prapattimarga) gilt als eine besondere Richtung innerhalb des Vishnuismus: 43

Prasad(a): Gunst, Gnade; süße Körner, die die Tempelpriester den Besuchern vor dem verehrten Kultbild aushändigen: 16

Puja: „Verehrung", Opferdienst vor Götterbildern oder Symbolen: 9, **16**, **20**

Puranas: umfassende hinduistische Erzählwerke, die neben viel Kosmologischem und Epischem vor allem Götterlegenden enthalten: 45

Purusha: „Mensch", höchstes Wesen, im Samkhya und Yoga das unveränderliche geistige Urprinzip: 50

Radha: göttliche Braut und Geliebte Krishnas: 46

Rama: vergöttlichter Held und Hauptgestalt des Ramayana-Epos, gilt als siebte Verkörperung (avatara) Vishnus: 12, 28, 63

Ramakrishna (1834–1886): bengalischer Mystiker, Prediger und Anhänger der Göttin Kali, seine Schüler gründeten einen eigenen hinduistischen Orden, den Ramakrishna Math, der durch intensive Bildungs- und Sozialarbeit bekannt geworden ist

Ramayana: nach dem Mahabharata das zweitgrößte altindische Epos: 45, 63

Rigveda s. Veda

Rita: das vedische Weltgesetz, Schicksal: 34

Rudra: bereits im Rigveda erwähnter Gott, später mit Shiva gleichgesetzt: 70

Sadhu: Asket, der der Welt entsagt hat: 14, **32 f.**

Samhita s. Veda

Samkhya: dualistisches Lehrgebäude der Welterklärung, eines der sechs philosophischen Systeme des Hinduismus: 44

Sannyasi(n): Wanderasket, viertes der vier Lebensstadien (ashrama): 32, 60 (Abb.), **61**

Samsara: Kreislauf der Wiedergeburten, Welt: 29, 41, **43**, 44, 55, 58, 67

Samskara: „Sakrament", Riten im Zusammenhang mit dem Lebenszyklus: 25, 38

Sanskrit: die Haupt- und Priestersprache des alten Indien: 11

Sanatana-Dharma: häufig benutzte Selbstbezeichnung der Hindus für ihre Religion und Lebensform: 14

Sarasvati: Göttin der Wissenschaft und Kunst,